FOREWORD

by Professor Robert Davidson

WELL, I asked for it in my Foreword to
Auld Testament Tales and I've got it –
further stories from the Old Testament
given the inimitable Jamie Stuart treat-
ment. Whatever he handles comes alive.
What about this as a description of
Gideon's night attack on the Midianite
camp?

> *Weel, whit a stramash!*
> *The Midianites go clean gyte wi fear*
> *an stert rinnin aroon like heidless hens,*
> *killin wan anither in their panic.*

The new stories in this volume have been
woven into the already published *Auld
Testament Tales* and there has been added to
them the earlier *Glasgow Gospel* – to give
us *A Glasgow Bible*. From 'no mean city'
has come no mean achievement, a triumph
of imagination and graphic writing which
will be welcomed far beyond Glasgow.
I'll be surprised if it does not whet your
appetite to go back to the Bible and
discover, or rediscover, for yourself the
riches it contains. And if it does, Jamie
will be 'fair chuffed'.

CONTENTS

NEW TESTAMENT

PUBLISHER'S PREFACE
by Lesley Ann Taylor

A PUBLISHING colleague once told me, during a slightly cynical period of his career, that 'those who can ... write, and those who can't ... publish'. Now, I'm not sure how other publishers might view this, but I do know one thing after a few years in the business. A good book is born out of good teamwork.

Jamie Stuart and I worked on *A Scots Gospel* back in 1985. As the publishing arm of the Church of Scotland, the idea seemed a must for Saint Andrew Press. And as an editor with a background in Scottish literature, I found the project exciting, swept along by a surge of interest in the Scots tongue at that time which saw the publication of such memorable books as W L Lorimer's *New Testament in Scots* (Southside Publishers, 1983).

Jamie told me about the background to *A Scots Gospel*. The story began in 1981, when he saw Alec McCowen in his critically acclaimed one-man drama at the Edinburgh International Festival. Alec McCowen had memorised the complete Gospel of Mark and each night moved his audience with a spell-binding presentation. Jamie told me that he felt inspired to do something similar.

Having been a professional actor for a

few brief years with the Glasgow Citizens' Theatre, Jamie had appeared in the 1948 Edinburgh Festival production of the classic morality play 'The Three Estates'. Presented in the 'guid Scots tongue', it was a monumental event in the Scottish theatre.

Combining this experience with his strong Christian faith, Jamie decided to write a one-man play in the Scots language, weaving the four Gospels into one single narrative. Once written it was memorised and presented in churches, theatres, schools and prisons all over Scotland, with two tours of churches in Canada and one tour in New York state.

In 1990, I heard rumblings that Jamie was up to something new. This time it was something more contemporary, perhaps even controversial. We met for lunch and I told him of my suspicions! He confessed that some Glasgow ministers were trying to persuade him to produce a similar book – this time in the expressive Glasgow vernacular.

Jamie had some doubts. Many people love the pithy nature of the Glaswegian vernacular, while others have little regard for it. The Revd John Campbell, Church of Scotland Adviser on Mission and Evangelism, and a good friend of Jamie's, had few doubts. To him the Patter was a real joy. Why shouldn't the greatest story ever told be presented in the language of the people? After all, as John Campbell pointed out, Jesus Himself must have conversed in the ordinary language of the people.

Now, it might be ironic that this team
– Jamie and myself – were about to
embark on a Glasgow project (I'm from
Edinburgh), but I was thrilled by the idea.
Would it work? Would people like it? I
had a few pre-publication nerves ...

But it *did* work – and the office phone
during the build-up to the publication
date never stopped ringing.

The launch of *The Glasgow Gospel* was
scheduled for 16 April 1992 in the then
Church of Scotland Bookshop, Buchanan
Street, Glasgow. On the previous Monday,
the Church of Scotland Press Office issued
a release to the Media.

On Tuesday Jamie's phone rang off the
hook! It was the BBC, ITV, Sky TV, Radio
Scotland, Radio Clyde, Radio Wales,
Radio Belfast, Toronto Radio, Washington
DC Radio – all looking for comment
and background information.

Even this shy publisher was called into
a studio for an interview. My mother
heard me at 7.00 am on the morning of
the launch and said I sounded 'posh, not
like you at all'.

Meanwhile in Glasgow, Radio Clyde
was broadcasting an advertisement every
ten minutes or so for the *Glasgow Evening
Times,* telling listeners to buy the paper.
The paper was serialising chapters from
the book – two whole centre page spreads
– Monday to Friday – in colour!

On Easter Sunday, the lunchtime ITN
News carried a feature on the Pope's
address, a message from the Archbishop of
Canterbury, and, oh yes, Jamie Stuart with
his *Glasgow Gospel.*

Back in the office, we were getting some strange requests – a local kiltmaker's order had to include six copies of the *Glasgow Gospel* for a customer in the States; a lady from south of the Border wanted to order that 'funny wee book' she'd heard about on the radio. Was the language difficult, she asked? Not at all!

Months later, Pathway Productions, the audio-visual unit of the Church of Scotland, made a video of *The Glasgow Gospel* with profits going to the Save the Children Fund. Shot in Glasgow, it features Scottish actors like Eileen McCallum, Gwyneth Guthrie, Mary Marquis, Andy Cameron, Johnny Beattie, Tony Roper and Paul Young. With the launch of the video the media interest started all over again!

In January 1993 I asked Jamie to tackle some Old Testament stories and *Auld Testament Tales* was the result. In 1996 it featured in the Edinburgh Festival Fringe as a play, performed by Bruce Morrison in the excavations below the Tron Kirk in Edinburgh's High Street. It was very successful.

The story behind all the success is teamwork. Not just author and publisher, but *all* the people who work together to make publishing such an exciting business. From *A Scots Gospel* in 1985 to *A Glasgow Bible* in 1997, there have been many people along the way who deserve our gratitude – production staff, designers, printers, sales reps, booksellers, press officers, the media … the list is endless. Thank you for all your support.

ACKNOWLEDGEMENTS

THE author would like to express his sincere thanks to the following people for their help in the preparation of this book:

Lesley Ann Taylor; Mary McLeod;
Elizabeth Dewar; Revd John D Hegarty;
Archie P Lee; Nicholas Gray;
Derek Auld; J Telford George;
Dr Donald Smith;
Revd John Campbell and Dr John Drane.

My family and the members of
High Carntyne Parish Church, Glasgow,
for all their support and encouragement.

Gratitude is particularly extended to
Dr Robert Stephen,
author of *In the Beginning* (Aulton Press)
for the use of poetry
included in the Story of Job.

Also to Professor Robert Davidson,
Former Moderator of the General Assembly
of the Church of Scotland,
currently Emeritus Professor of Old Testament
at the University of Glasgow.

DEDICATION

to the Memory of
RUTH CAMPBELL
~ 1975–1996 ~

A
GLASGOW
BIBLE

The
AULD
TESTAMENT

IN THE
BEGINNIN

The Creation

IT wis a lang time ago, right enough –
thoosans an thoosans o years since. There
wis nuthin whaur the earth is the noo –
absolutely nuthin at aw.

'Weel noo,' God says tae himsel wan
day, 'I'll fix a wee bit dod o land – doon
there.'

So, tae stert wi, God ordered up some
light tae brek oot ower aw the darkness.

He then made the skies an the dry
land, an gaithered up the watters an the
seas. He gied them aw names.

An, wi nae mair ado, two muckle orbs
appeared – the sun an the moon – tae gie
light tae the earth baith day an night.

An a wee while later, God made
thoosans o bright stars tae twinkle in the
dark o the night.

The Maker wis fair pleased wi it aw.

'Noo then,' he says, 'we'll hae oorsels
some life aboot the place.'

He gied oot mair orders for the earth
tae burst forth wi trees an bright wee
flooers.

He filled aw the watters fu o fish.

He made birds tae fly in the skies an
sing sweetly amang the trees.

It wis a brilliant warld that God wis
stertin aff – an he felt sure he wis makin
a guid job o it.

However, no matter how guid it wis,
the land still lay empty. So God made
hunners o different beasts – lions an

tigers, giraffes an gazelles, grinnin hyenas, dogs an frogs, big roarin bulls an huge hippopotami – an thoosans o wee creepin craturs.

God then made folk tae look like himsel – man an wumman thegither.

'They'll hae herts an minds tae love me,' God says. 'I'm gauny pit them in charge o this *hale* warld – tae keep it in fine fettle.'

The Lord beamed wi gladness at his work. By this time it wis the seeventh day – an the Almighty wis due for a wee rest!

Noah

IT so happened that men an weemen sterted tae spread ower aw the land. But they wir a sorry lot – fu o hate an wickedness.

God kent in his hert that he'd hiv tae wipe them aff the face o the earth an stert again.

But it wisny aw bad. There wis this wan man – cawd Noah – an, in the eyes o God, he wisny tae blame for the rest.

God said tae Noah, 'I'm sendin a flood tae pit an end tae it aw. But dinny worry yersel, Noah. Ye'll be safe – aye, an so will yer faimily.

'Listen, I want ye tae stert buildin a boat – aye, a gey *big* boat at that. Caw it an Ark.'

God then set aboot gien orders tae Noah aboot the buildin o this Ark that wis tae get by the flood. It wid be big enough tae haud Noah an his wife, an their three sons – alang wi their weemen.

But no jist them – for God telt Noah tae make room for a hale jing-bang o ither livin craturs. He wis tae load two o every kind – male an female – o bird, beast an reptile. This wis tae make sure that, efter the big flood, life wid still go oan upon the earth like afore.

Weel – as ye can imagine – Noah cairried oot God's plan jist as he'd been telt. He built the Ark an gaithered thegither pairs o aw the birds an beasts.

It wis a gey noisy assembly, right enough – aye, an nae wunner! There wir coos an coyotes, monkeys an mice, badgers an beavers, beetles an lice. Whit a thrang o them!

At last the beasts wir aw pit oan board. Noah an his ain folk came efter, steekin the door o the Ark.

Right there an then, God pulled the plug! The doon-pour sterted an fell withoot stoppin for forty days an forty nights.

But wise auld Noah had done his job weel. As the torrents lashed doon, the Ark began tae float aff upon the watter.

Huge mountains wir swallowed up. Man an beast alike wir blotted oot fae the face o the earth. God got rid o them aw – leavin jist Noah, alang wi those bidin in the Ark.

Efter a hunner an fifty days, God minded o Noah an his big faimily in the Ark. So he made a wind tae blaw ower the hale earth. The swollen watters began tae ebb till, wi a sudden dunt, the Ark ran agrun oan the tap o Mount Ararat.

Three months oan, the watters went

doon. The hill-taps showed theirsels again.

Efter yet anither forty days, Noah let flee wan o the corbies tae look oot for sight o land – but the muckle black bird flew aff an wis never seen again.

Noah wis vexed an tried oot a doo next time. But the watter still covered the land an the doo flew back tae the Ark.

Seeven days later, Noah gied it anither go. Guess whit? – *this* time the wee bird flew back wi an olive leaf in its beak.

'God be praised!' cried Noah wi cheer. 'We've got oorsels a new warld!'

God answered Noah, 'Aye, ma son, ye're free tae leave the Ark, an tae take yer loved wans wi ye. I gie ye ma blessin. An mair, I gie ye this promise – never again will I send floods tae destroy aw life ... ye can coont oan that. Aye, an furthermair, I'll gie ye a sign tae mind ye – whenever ye cast yer eyes tae the heavens above an see a bonny rainbow, jist you think oan me.'

ABRAHAM

NOO, a lang time efter Noah built his big boat, there lived a man cawd Abie – his Sunday name wis Abraham. It didny maitter that he owned thoosans o coos, sheep an goats, for Abie an his wife Sarah wirny aw that happy. How wis that? Weel, they had nae faimily. Abie had aye been wantin them tae hiv a wean tae cairry oan the ferm, but he wis a gey auld man by noo an had gien up aw hope o bein a faither.

Wan day, when he wis oot in the fields,

he heard his Sunday name bein cawd oot loud an clear: *'Abraham,* ma boy! *Abraham!* Can ye hear me?'

Abie kent fu weel it wis the voice fae above.

'Aye, Faither,' he replies. 'Ah hear ye fine an ah'm ready tae listen.'

'Weel, hear this,' says God. 'Ah want ye tae leave yer hoose an travel tae anither land. Ah'll make sure ye ken whaur ye're gaun, so ye needny be feart. An mair, hear this! In this new land ye'll become the faither o a great nation.'

Abie wis dumfoonert for sure, but he didny argue. He an Sarah packed up aw their gear, an asked his nephew Lot, alang wi *his* faimily, tae jine them.

Travellin thegither wi their servants an their flocks o goats an sheep an coos, they sterted alang the road. Slowly they made their wey oot o Mesopotamia, aye watchin for springs o watter or wells, an sleepin at night in their big goatskin tents.

At last they came tae the country cawd Canaan – jist as God had telt them.

Noo Lot owned his ain herds o beasts an, alang wi his Uncle Abie, they got oan like a hoose oan fire. However, efter a while there wis a bit o bother oan an aff, wi baith camps fechtin for the best watter-holes for their animals.

When things got weel oot o hand, Abie says tae his nephew, 'Haud oan a wee bit son – use the heid – there's nae need tae take a hairy fit. Come oan, we'll go oor ain weys, an ah'll gie ye the first pick o the land ye want for the grazin.'

Lot smiled an telt his uncle, 'Right,

ah'll head for doon there in the Jordan Valley.'

An so it wis that they went their ain weys. Abie an Sarah wir dead chuffed that the squabblin wis ower an they theirsels pit doon their tents in the hills near the toon o Hebron.

Lot moved wi his faimily, flocks an servants an aw. He settled doon in the green valley o the Jordan River an bought himsel a hoose in a city cawd Sodom. Aye, he jaloused that everythin wis hunky-dory.

But sadly things didny work oot as weel as he thought. For puir Lot wis soon tae find oot that Sodom an the neebourin city cawd Gomorrah wir dens o iniquity. Big trouble wis brewin for the man.

Wan night, as Lot wis sittin oot near the gate o the toon, he saw two men walkin inty Sodom. But whit he didny ken wis that the strangers wirny men at aw. They wir angels o God doon fae Heaven oan a mission o mercy.

Lot gies them a wave. 'Hullo!' he says. 'Ah see ye're jist passin through toon. See an feel free tae bide in ma hoose till the morn, if ye like.'

The strangers said aye tae the offer an Lot took them hame an gied them baith a hot meal.

But afore the two o them wir settled doon for the night, there wis a bit o a rammy ootside Lot's door. The Sodomites wir weel bevvied an they planned tae rape the two strangers. 'Hey there, Mister Lot – gauny send oot them two boys,' they sneered. 'We want tae get pally wi them!'

Lot wis beelin, but he wis also gey worried. It wis his job tae look efter his guests. 'Naw! Ah'm no gauny dae that,' he shouted at the ranters. 'The travellers are baith away tae their beds.'

But the Sodomites jist swore at Lot aw the mair an things wir stertin tae look gey ugly. 'Who the hell dae ye think ye are, Mister Lot? Ye've jist come inty the toon yersel – an noo ye're actin the gaffer!'

Wi that the mob gripped Lot an ripped at his claes. It wisny a pretty sight. But jist as they wir aboot tae brek doon Lot's door, the two guests grabbed their host an pulled him back inty the hoose. The Sodomites wir then struck wi a sudden blindness, every wan o them in the toon gropin aboot in a dwam.

The angels then telt Lot that God wis gauny punish the folk o Sodom; the hale toon wid be burnt tae the grun. 'Take yer wife an yer faimily,' they warned him, 'an run away tae the hills. Dinny look back at thon evil toon!'

Lot ran aff wi his wife an two lassies as a load o fire an brimstane rained doon behind them. A blessed escape!

But Lot's wife cudny help thinkin o hame an aw her wee precious knick-knacks burnin tae bits. She turned roon for a wee keek … an, right oan the very spot, she wis turned tae a stookie o saut.

Tae his great surprise, when Abie got up the next mornin an looked oot fae his tent, the toons o Sodom an Gomorrah wir a smoulderin guddle o ruins.

God's Promise

GOD had said tae Abraham that he wid hiv a son, even though Abie an Sarah wir baith gey auld. But it wis a lang time comin an Sarah had begun tae blame hersel for no gien Abie a wean. She thought her man wid be better aff wi an extra wumman an she'd set her sights oan Hagar, her slave. Hagar wid bed doon wi Abie an that wid dae the trick!

So, right enough, auld Abie lay doon wi the lass an it wisny lang afore she wis in an interestin condition.

Weel, baith Abie an Sarah wir gey pleased, but Hagar began tae think she wis the bee's knees. Sarah wisny happy an complained tae her man.

'It's aw *your* faut – am ah right or am ah wrang – that wee hussy cheeks up tae me. Ah'll no pit up wi it.'

Aye, a fair stushie broke oot between the two o them an Hagar seemed tae get the brunt o the strife. She sterted tae greet, an ran aff fae the hoose.

She wandered in the desert for a bit an then heard God callin tae her.

'Dry yer tears, lassie,' God said. 'Go back tae Sarah an make yer peace. Ye'll soon hiv a fine son an ah want ye tae caw him Ishmael.'

Hagar wis chuffed that her Maker wid talk tae a puir slave-lassie. So she did whit God telt her an went back tae her mistress. Soon efter, her wean wis born – a wee boy. Gettin doon oan her knees, she gied thanks tae the Lord an dubbed her boy Ishmael, jist as God had telt her.

When the wean grew up, he hunted for his livin in the desert an wis dead brilliant wi the bow an arras, so he wis. He got mairried tae a lass fae Egypt, an God telt him that he wid become the faither o a great nation.

Noo, when Abie wis ninety-nine years auld, God appeared an telt him that Sarah wis gauny bear a son. Abraham wis tae be a faither at long last. He threw himsel doon oan the grun.

'Me? – a *faither!*' He cud scarcely believe it an he laughed. 'But ah'll be a *hunner* next year! Naw, dinny gie me a hard time, Lord – how can ma better hauf hiv a wean noo? – ah mean, she's ninety years auld hersel!'

But God kept his promise an Sarah soon gied birth tae a lovely wee boy. They cawd him Isaac.

Abie an Sarah wir fair taken wi the wean an he grew up a bonnie, cheery, strappin laddie, aye laughin – an that wis the meanin o his name.

But wan day puir auld Abie wis real shattered. He appeared tae see a vision fae heaven, an it telt him tae sacrifice wee Isaac jist tae please the Lord.

Abie wis greetin sair. Nanetheless he wanted tae obey his Almighty Faither.

The next mornin Abie an wee Isaac set aff for the nearest mountain armed wi sticks for a fire.

Nearin the tap o the hill, the wee yin pipes up, 'Faither, we hiv the kindlin sticks for the fire, but we've nae lamb tae sacrifice.'

Abie said nuthin, but built a wee cairn

o stanes an laid oan the sticks. Wi tears streamin doon his cheeks he picked up the lad, tied him oan the pile, an raised his knife ower the wee tremblin body.

Suddenly a voice boomed oot fae Heaven. *'Abraham* – naw, dinny herm the boy. Ah ken noo that ye trust me. Turn roon an ye'll find a ram wi its horns stuck in a bush. Pit it oan the fire.'

Abie drapped his gully pronto an hugged his laddie like there wis nae tomorrow.

God spoke oot again. *'Abraham* – ah tell ye, ye'll no regret this day. Ye didny haud back yer son fae me. Ah'll bless yer faimily an yer descendants till the end o time.'

ISAAC

SARAH wis a hunner an twinty-seeven year auld when she died in Hebron in the land o Canaan. Abie grat sair for his missus, but – an this is no kiddin – he himsel wis tae live oan tae the ripe auld age o a hunner an seeventy-five!

Noo Abie had been dead keen that when Isaac grew up he wid wed a lass fae his ain country o Mesopotamia. A bonny lass cawd Rebekah wis picked oot for Isaac – wi the help o Abie's auld servant.

It wis love at first keek when Isaac clapped eyes oan Rebekah an it wisny lang afore they tied the knot.

The Birthright Story

FOR years efter Isaac an Rebekah wir mairried, nae weans wir born tae them. They wirny very happy aboot this, as ye can imagine. Isaac kent aw aboot God's promise that he wid hiv a faimily, an that he wid be the faither o a great nation, so he prayed gey hard tae his Maker.

Finally his plea wis answered! Rebekah fund oot that she wis expectin, right enough – but no jist the *wan* wean, but two o them!

She gied birth tae twins – baith boys. The wean born first had ginger hair an a kinna hairy body. They cawd him Esau. His brither had dark hair an smooth skin. They cawd him Jacob.

As the laddies grew up, Rebekah wis fair taken wi Jacob, for he worked aroon the hame an kept his mother company. Esau wis the first-born, right enough, even by jist a minute or two, an he wis due tae inherit the family rights, but God had telt Rebekah that the younger boy wis tae become the heid o the faimily.

Isaac himsel wis mair taken wi Esau who wis a macho kinna laddie, aye oot huntin the deer, an roamin the fields wi his bow an arras in search o wild beasts.

Wan day, when Esau cam hame fae the forest efter a hard day's huntin, there wis a lovely smell in the tent. Jacob had been cookin some o his special stew.

Esau sniffed the air: 'Aw *Jacob!* Ye're a wee champion, so ye are. Ah'm fair famished. Let me sit doon tae a nice big bowl o yer soup.'

But crafty Jacob is jist waitin for a chance like this. 'Aye, of course Esau,' he says tae him, 'ye can hiv as much o ma soup as ye like – but ye'll hiv a price tae pey! I want ye tae gie me the rights that belang tae the first-born son.'

'Ye *whit?*' gasps Esau. 'Dinny be daft!'

But then he thought aboot it. 'Ach, whit dae ah care aboot ma rights? Ah'm stervin, man. Jist gie's the soup.'

'First gie me yer promise!' demands Jacob.'

'Ach, aye, awright then – I gie ye ma promise! Will ye fill up the bowl noo?'

So Jacob pours oot the soup an his hungry brither gobbles it doon an goes oan his wey.

Noo Isaac wis gettin weel oan in years. He wis gey frail an nearly blind – an he kent fu weel that his days wir numbered.

From his bedside he cawd tae Esau. 'You are ma first-born son,' he says. 'Ah want ye tae eat a meal wi me. Ah want tae gie ye ma blessin afore ah leave this warld. Take oot yer bow an arras. Hunt for some o thon wild game an prepare that nice food ah like.'

But it happened that Rebekah had been listenin tae Isaac an Esau fae oot-side the tent. She wis determined it wid be her favourite, Jacob, who got the faither's blessin.

So she shouts tae Jacob, 'Quick son! We'll hiv tae hurry. Yer faither's aboot tae gie his final blessin tae Esau. Here's whit ah want ye tae do. Kill two kids oot o the flock an ah'll make a guid pot o stew. You can take it inty yer faither, an get his blessin. He's that far gaun, he'll no ken ye areny Esau.'

'Ach no, mither,' Jacob whispered. 'Ah'm too feart. Whit aboot ma smooth skin? Ye ken that Esau's body's gey hairy, intit no? He'll ken it's no him.'

But Rebekah's got her plan aw ready. 'Noo see here, son. Jist wrap this goatskin roon yer neck an ye'll feel as hairy as yer brither. An here's Esau's smelly jaiket. Sling that oan yer back.'

Weel Jacob begins tae stutter as he enters the auld man's tent. 'H-h-here … here's yer nice t-t-tasty dinner, faither. Jist … j-j-jist eat it aw up an then ye can gie me yer blessin.'

'Come a wee bit closer, son,' whispers Isaac. 'Ah want tae check that ah'm speakin tae Esau.'

Jacob's hert begins tae thump. 'Ach, faither, ye can be sure it's me,' he lies. 'Here! Pit yer haun oan ma neck.'

Isaac is satisfied. 'Aye, ah'll gie ye ma blessin,' breathes the auld man. 'May God gie ye plenty o wine an corn for yer faimily, baith noo an for evermair. May aw the nations serve ye an bow doon tae ye. Ma son, ah want ye tae be Lord ower yer brithers – aye, an may the sons o yer mither bow doon afore ye.' Jacob leans ower the bed an kisses his faither.

Weel, Jacob lost nae time in leavin an it wisny lang afore Esau arrived. He breenged inty the tent. 'Here ye are then, faither. Sit up, eat yer stew, an then ye can gie me yer blessin.'

When auld Isaac heard the voice o the real Esau, he kent that baith o them had been tricked. He telt the hale story tae his first-born.

Esau left his faither's tent, his hert burnin wi rage for his twin brither. 'Let me get ma hauns oan him!' he screamed. 'Ah'll no miss him!'

Rebekah heard the rammy an kent she wid hiv tae smuggle Jacob tae a safe place. But she wis also keen for Jacob tae mairry a lass fae amang her ain faimily. So, killin two birds wi wan stane, she sent him tae her brither Laban, in Haran. 'He'll find a wife there,' she thought.

Isaac wis nearin the end o his days an he wisny aboot tae argue the toss wi his wife's plan. An so it wis that Jacob, fearin for his life, packed his gear, left the land o Canaan, an wi a sad hert set oot oan his lang journey.

JACOB

Jacob's Dream

JACOB felt gey sorry for himsel as he sterted the lang walk tae his uncle's hame in Haran. That night, as the sun went doon, he rested his heid oan a flat stane an dreamed a curious dream.

There wis this bright shinin ladder, movin aw the wey up tae Heaven. Angels wir climbin up an doon it. At the tap o this ladder stood God himsel. He seemed tae smile at Jacob.

'I am the God o Abraham an o yer faither Isaac,' the voice boomed. 'Aw this land roon aboot here, I will gie tae yer descendants. Yer faimily will spread ower the *hale* warld. Aye, dinny be feart, Jacob. Wan day ye'll return here. Ah'll take grand care o ye, ma son.'

Jacob took hert fae his dream an trudged oan till he came near the toon o Haran. He asked some shepherds if they kent a man cawd Laban.

'Aye, we ken him fine,' they said. 'See! Here's his lass Rachel, takin her sheep an goats tae the well for a drink.'

Jacob nipped himsel. Wis he dreamin again? 'Naw, this canny be real!' he gasped. 'She's a real stoater – an she's ma cousin an aw!'

Rachel smiled at Jacob, an wi nae mair ado he stuck oot his chest an pushed ower the big boulder coverin the mooth o the well, so that she cud draw watter for the beasts.

'Noo for the tellin,' thinks Jacob. 'Listen, ah've got some news tae tell ye Rachel. Wid ye believe this? *You* are ma cousin oan yer faither's side an ah'm yer Aunt Rebekah's son.'

Aye, Jacob wisny slow. Fair fu o himsel, he gied the lass a big kiss. An, since she didny object, they hurried aff, haun in haun, tae report tae her faither Laban.

Laban wis fair chuffed tae see his sister's boy an invited him tae stey oan a bit. Jacob stayed for a hale month an worked alang wi Laban's men tendin the flocks an herds.

Wan day Laban says tae Jacob, 'Ye're a guid slogger, lad. Ah should be peyin ye for aw yer hard work.'

Noo Laban had two daughters. Leah,

the aulder wan, wisny aw that bonny an she had weak eyes. Rachel, the younger, wis a wee cracker an Jacob wis fair taken wi her.

So Jacob thought aboot it an said tae Laban, 'Naw, save yer dosh. Jist let me mairry Rachel an ah'll work for seeven years *withoot* ony pey.'

So it wis agreed, an efter seeven years Laban invited everywan tae the weddin feast.

When the sun had gone doon, the bride wis brought oot wearin a lang veil ower her face. Jacob an the lass wir mairried.

Came the dawn the groom saw he'd been hitched tae the *wrang* sister – Leah!

Jacob wis determined tae keep the heid. Says he tae Laban, 'Excuse me, uncle, but there's been a wee mistake, sir. Ye see, *Rachel* wis ma chosen bride.'

'Noo dinny panic,' says Laban. 'Ye can hiv Rachel as *weel* at the end o the week, but ye'll need tae gie me anither seeven years o yer service.'

Nuthin cud mar Jacob's happiness an wance mair he sided wi his uncle.

In thae days, it wis the custom for men tae hiv mair than wan wife, so, alang wi Rachel an Leah, Jacob mairried two slave lassies as weel. Soon enough he wis the faither o many sons an, efter a while, Rachel gied birth tae a boy. They cawd him Joseph.

Wan night, God telt Jacob tae go back tae his hame in Canaan. This suited Jacob jist fine, for his uncle Laban wis beginnin tae gie him an awfy hard time.

So the next day, while Laban wis busy at the sheep-shearin, Jacob took his chance. Wi his wives, weans, an servants leadin his flocks an herds, he set aff oan the lang journey back tae his faither Isaac in the land o Canaan.

Comin near tae Canaan, Jacob wis beginnin tae grow feart at the thought o meetin his brither Esau again an he prayed tae his Almighty Faither tae spare his life.

The next mornin he sent some o his men tae his brither wi presents galore – two hunner nanny goats, twinty billy goats, two hunner ewes, twinty rams, thirty milk camels wi their colts, forty coos, ten bulls, twinty female an ten male donkeys. Jacob thought, 'Here's hopin this'll keep his face straight.'

He got doon oan his knees an prayed an prayed as never before.

Then Jacob saw Esau comin alang wi fower hunner o his men. He went oot tae meet him an fell doon afore him.

Esau ran tae meet his brither, threw his airms aroon his neck, an baith o them sterted tae greet. Efter this, the brithers went their ain weys – Esau an his men tae Edom, an Jacob back inty Canaan.

Jacob then had anither dream. He seemed tae be wrestlin wi an angel an God telt him that he wis tae take a new name – the name o Israel. God said, 'Aw yer descendants will be great an shall be cawd *the Children o Israel.*'

JOSEPH

Joseph's Dream

IT wis gey clear tae aw the folk that Jacob wis pleased wi his big faimily – twelve sons in aw. He loved every single wan o them. But, nanetheless, his ain special favourite wis the wan cawd Joseph, who wis born tae him in his auld age.

Noo it happened wan day that Jacob gied Joseph a flashy jaiket as a present. Weel, ye can imagine! – this made his brithers gey jealous o the boy.

His brithers kent weel enough that their faither wisny playin fair, but it didny matter tae them – they took their spite oot oan Joseph an cudny even thole speakin tae him. An it didny help that Joseph wis a wee clype an telt his faither aboot aw his brithers' bad habits when they wir workin wi the sheep!

Wan mornin, Joseph ran oot tae the fields, keen tae tell his brithers aw aboot a dream he'd had durin the night.

'Did ah hiv a weird dream last night, or whit!?' he says tae them.

The brithers rolled their eyes heavenward. Their wee brither wis a real blether, right enough.

'Ye see, in ma dream … ' Joseph says in a rush, 'we wir aw tyin up the corn, when the stook that wis mine jumped up straight, an then aw your stooks kinna stood roon aboot an *bowed doon low* tae *mine*. Wis that no interestin?'

The big brithers wirny impressed.

'Ya wee ranter!' they growled at Joseph.

'Who dae ye think ye are that ye'll ever boss it ower us?'

Weel, no lang efter, Joe has anither wan o his dreams, an – sure enough – he canny keep his gob shut; he's got tae tell *aw* the faimily.

'Wait till ye hear this wan,' he says. 'Last night ah had anither dream, aw aboot the sun an the moon. Aye, an there wir eleven stars as weel, if ah can mind o it. An, whit dae ye think o this? They wir aw *bowin doon* in front o *me!*'

The faither, mither an brithers wir no pleased, tae say the least.

'Dae ye really think we'll ever kow-tow tae you, ma lad?' Jacob shouted at him. Though, tae be honest, he wis taken wi the lad's story, an kep the dream stored in his heid.

Inty the Pit

WAN day, when aw the brithers are oot herdin their sheep, Jacob sends Joseph tae check if they're safe.

The brithers spot the flashy jaiket fae miles aff, makin in their direction, an they pit their heids thegither.

'Noo then boys – here's oor chance! We'll murder the dreamer an tell the auld man that a wild beast got him. That'll be the feenish o his daft stories.'

But Jacob's auldest son – Reuben he wis cawd – speaks up. 'Na, na – there's nae need tae kill the boy. We can chuck him doon this dried-up well ower here … an jist *leave* him!'

Tae let ye ken – it wis in Reuben's mind tae return oan his ain tae the well an take Joseph safe hame tae his faither.

When Joseph comes alang, two o his brithers grab him, strip aff his precious jaiket, an fling him inty the empty pit. The evil deed done, an feelin gey pleased wi theirsels, the brithers settled doon for a meal.

Noo it happened that some traders came by oan their wey tae Egypt. Anither brither, the greedy Judah, then has a bright idea an speaks up.

'Ye ken, we cud make some profit here, by the wey. Why no sell Joe as a slave tae these folk gaun tae the market? Ah mean, there's nae point killin the lad – efter aw, he's oor ain flesh an bluid.'

So a deal wis struck for twinty shekels o silver an Joseph wis hoisted oot the well, roped up behind wan o the camels, an bump-sterted inty a fresh chapter o his life.

The brithers noo did whit they'd been dyin tae do – they ripped Joseph's braw jaiket tae shreds an smeared it wi the bluid o a young goat. Then they took the jaiket hame tae Jacob, sayin they'd fund it lyin in a ditch.

'Wisny it the same as the wan ye gied tae Joe?' they asked.

Their faither kent the jaiket weel, an cried oot, 'Oh, ma son! Ma puir wee boy! – a wild beast must hiv killed ma ain dear son!'

An Jacob swore tae mourn for his wee laddie the rest o his days.

Joseph the Slave

MEANWHILE, whit wis happenin tae Joseph? When the traders got tae Egypt, they pit Joseph up for grabs at the first slave roup. Since he wis a stocky, guid-lookin lad, he wis snapped up by a captain o the king's guard – cried Potiphar.

It wisny lang afore Potiphar kent he'd got himsel a real bargain. For God wis keepin an eye oan Joe an he blessed the hoose as the lad cairried oot aw his duties. Joseph, it turned oot, wis honest an a smashin wee worker.

'I'm sure ah kin pit this slave tae guid use,' Potiphar says tae himsel wan day.

'Eh, Joseph,' he caws tae the lad, 'ye've been sloggin weel, son. Ah'm gey pleased – in fact, ah'm so pleased ah'm promotin ye tae tap man. Whit dae ye think o that? Ye'll get a royal jaiket an be in charge o the runnin o ma hale hoose, as weel as ma business.'

'Ah'll dae ma best tae serve ye, sir,' says Joseph.

Sadly, he didny ken that big trouble wis near at haun.

It wis aw the faut o the captain's wife. Man, she wis a brazen hussy aw right, always eyin up Joe's braw face an strappin body. When the time wis ripe, an wi nae trace o a rid face, she gies Joe the 'come-oan' an invites him tae share her bed.

Joseph refuses – but she pesters him until wan day she sees her chance.

Potiphar wis away fae hame an aw the servants had feenished up for the day.

'Joseph,' says she, catchin him oan the

hop. 'Ah'm askin ye wance mair – will ye lie wi me?'

An she sidles close tae Joe an hauds tight onty his jaiket, a coy smile appearin oan her face.

'Na, na … ah mean, *no wey,* wi aw due respect, ma lady,' stammers Joe. 'Ah cudny dae that tae the captain. An weel ye ken that ma God's got a guid grip oan me – ah'll no stray fae the straight an narra.'

An wi that, Joe gies her a crafty body swerve, leavin the Jezebel wi his jaiket still warm in her hauns.

Noo, as ye can imagine, Potiphar's wife wis beelin an planned tae get back at Joseph. When the captain came hame that night, she had a moothfu o lies waitin for him.

'D'ye ken that slave o yours?!' she screeched, afore he'd even sat doon. 'He came inty ma room the day an tried tae *rape* me, so he did!'

Weel, Potiphar wis daft enough tae believe his missus. He had puir Joseph flung inty the royal jile, an the smart jaiket exchinged for an iron collar.

Joseph noo finds himsel chained, alang wi the ither prisoners.

But, mind this – God is watchin ower him every meenit o the day, an plans are weel in haun for Joseph's future.

The Meanin o Dreams

THE heid jailer soon jalouses he can trust Joseph withoot question an gies him the golden boy treatment. He even gies him the chance tae look efter aw the ither prisoners. So things are beginnin tae look up again for oor Joseph, when somethin strange comes aboot.

The king o Egypt – cawd Pharaoh – wis a moody kinna bloke. Wan day – so the story's telt – he loses the heid wi two o his men. Wan wis the heid butler – his main job was wine-tastin. The ither wis the royal baker.

Pharaoh widny gie them a trial, so the puir sowls wir thrown inty jile. Whose cell did they land in? Aye, Joseph's.

Noo, wan night baith the butler an the baker had been dreamin. In the mornin, they wir feelin gey wabbit.

'Whit's wrang wi you?' asks Joe, lookin at the dozy pair.

'Ach, we baith o us had unco dreams,' wan girned. 'Div ye suppose there's ony loun here kin tell us fit they're aw aboot.'

'Nae bother, freens,' says Joe. 'Ah'm yer man. Ye see, the meanin o dreams is God's business, so tell me aw ye mind aboot them?'

Weel, the butler had dreamt o a grapevine wi three branches. The grapes wir ripe an the king's cup wis in the butler's raised haun. He squeezed the grapes inty the cup an gied it ower tae the king tae drink.

The baker had dreamt he wis luggin three muckle baskets oan his heid, when a flock o birds swooped doon tae peck at the scones in the tap basket.

'It's easy tae see whit this is aw aboot,' says Joe tae the butler. 'In three days' time, the king will gie ye yer job back.'

Then Joseph turns tae the baker.

'May God bless ye,' he says, his voice grave wi sadness. 'The three baskets staun for three days. Three days fae noo, the king will hiv yer heid cut aff. Yer body will hing fae a tree an the craws will peck aff yer flesh …. '

An, sure enough, efter three days the king decides tae haud a party for his birthday. He sends for his wine-taster an gies him back his job. But nae such luck for the baker – he wis sentenced tae hing, jist as Joseph had foretelt.

Noo, afore the butler left jile, Joseph says tae him, 'Dae me a favour – tell the king that ah dinny deserve tae be locked up. Ah hivny done onythin wrang.'

But wid ye credit it? – when the butler gets himsel settled back inty coort, he clean forgets aboot Joseph!

Wan night, two years efter, the king o Egypt himsel has a dream. This is it:

Pharaoh wis staunin oan the bank o a river when seeven fine sonsy coos come up oot o the river an stert tae eat the grass in the field. Then anither seeven coos come oot o the river – gey scrawny beasts, these yins, wi ribs stickin oot o their bodies. The shilpit coos eat up the sonsy yins.

Weel, his majesty sterts up oot o his sleep an keels oot o bed wi fright – an nae wunner! But, still like a half-shut knife, he kinna dovers ower oan the flair an sterts tae dream again.

This time there are seeven guid ears o corn growin oan wan stalk – an seeven ither ears o corn, aw thin an wastit. The skinny ears eat up aw the guid yins!

The king wakes up, sweatin. He kens it's aw a dream, but he's gey pit oot jist the same.

So he sends for his wise men tae tell oot the meanin o his nightmare, but nane o them are ony guid.

It's jist aboot then that the dozy butler minds aboot Joe – an no afore time!

'Eh, by the wey, yer majesty – ah've jist minded o this canny loun who wis locked up wi me an the baker, in the jile thon time. He kent aw aboot the meanin o dreams.'

Wi nae mair ado, the king sends for Joseph.

Oan his wey tae the royal chamber, the servants gie Joseph a quick shave, fix him up wi smart claes, an shove him in front o the Pharaoh.

'Nane o my so-cawd wise men can help me wi my dreams,' says the king. 'That's why *you're* here.'

Weel, Joseph's a wee bit jumpy. 'Yer majesty, *ah* canny help ye by masel,' he says. 'But God will gie Pharaoh the answer tae his dreams.'

So the king tells Joe aboot his dreamin … the seeven sonsy coos comin oot o the watter … then the seeven scrawny coos … an the seeven thin coos eatin up the fat yins.

Joseph gies a wee grin tae the wise men. He says tae the king, 'Yer majesty, this is God's wey o tellin ye whit will happen right here in yer land. There'll be seeven guid years o harvests, an then seeven years o nuthin. You should pit by a huge load o stores in the guid years so yer folk'll no sterve when the bad times come alang …. '

Joseph the Ruler

THE king wis dumfoonert – he'd aye had guid crops, had he no?

'Cud ah mebbe suggest, yer majesty,' says Joseph, wishin tae be helpfu, 'that ye divide yer land inty five pairts an find an officer tae look efter each wan …. Oh, aye, an anither thing sir, by the wey – an beggin respect for yer majesty – you wid be wise indeed tae look oot for the maist sensible man in Egypt, an pit him in charge o the hale plannin o the crop.'

Joseph bowed tae the king an sterted tae move back.

'Haud oan there a meenit,' says the king tae Joseph, 'For sure, there's naebody in the land that cud dae the job better than yersel! God has telt ye whit's tae happen. I say that *you're* the maist canny man in aw the land. From noo oan, I want *you* tae take charge.'

Joseph disny argue!

The king takes aff his royal ring an slips it oan Joe's finger. He gies him posh linen claes an pits a gold chain aroon his neck. Oan tap o that, he gies Joseph free run o the royal chariot.

Oor Joe is a gey happy man!

An so, durin the next seeven years, it wis Joseph's job tae check that aw the fermers filled their barns bung-fu o the guid crops o grain.

Like it wis telt, sure enough – for
seeven years efter, there wir nae harvests.
An the famine spread through aw the
ither lands as weel as Egypt until the hale
o Africa wis stervin. But Joseph's lot wir
prepared. Openin up his store-hooses, he
wis quickly sellin his grain tae aw the
people.

*   *   *

NOO, auld Jacob came tae hear aboot the
grain in Egypt an telt his boys tae go
there an try tae buy some afore they aw
sterved tae death. Ten o Joseph's brithers
set oot thegither, leavin jist the wee
laddie Benjamin at hame wi his faither.

When they get tae Egypt, the ten
brithers staun afore Joseph, the governor,
askin for grain. Joseph kens fine who they
are, but nane o them ken the young
brither they nearly murdered.

They aw *bow doon low* afore *him!*

An, for a moment, Joseph is minded o
the dream he telt them aboot mair than
twinty years afore – 'then aw your stooks
kinna stood roon aboot an *bowed doon low*
tae *mine.'*

Joseph teased them a bit afore revealin
himsel as their lang-lost brither. He hug-
ged them an forgied them. They cudny
stem their greetin. It wis pure joy, so it wis.

Then he sent them hame tae bring his
faither an wee brither Benjamin. Jacob an
his boys wir awthegither, *again!*

MOSES

TIME passed. Jacob died at a guid auld age. Then Joseph an aw his brithers died. A new king came tae the throne o Egypt. Jacob's descendants wir noo kent as the Hebrews, an they wir a gey healthy lot. In fact, they multiplied tae such an extent that the Egyptians sterted tae be feart they wid be swamped.

The new Pharaoh wis determined tae cut doon their numbers an so he forced them inty slavery, makin bricks for his new toons.

Nanetheless, the Hebrews grew in number – the king wis gettin desperate.

'Kill aw the new-born weans that are boys!' he screamed. 'See, that'll pit an end tae the problem, won't it?'

Aboot this time there lived a Hebrew mither cawd Jochebed. Her boy wis three months auld an she wis feart for the wean's life. So she set oot a plan. She gethered reeds fae the river, made a wee basket, an covered it ower wi tar tae make it watterproof. Jochebed pit her wean inty the basket an left it amang the reeds at the edge o the river. Her daughter Miriam wis telt tae keep watch.

Efter a bit the king's daughter came doon tae the watter for her mornin dook. Alang wi her servin maids, she spied the basket bobbin up an doon. The wean began tae greet. The princess kent weel enough that the wean wis an Israelite, but she had nae children hersel an wis fair taken wi the wee thing. She decided there an then tae adopt the boy, an gied him the name Moses.

At this point Miriam came oot o her hidin-place an offered tae fetch a nurse for the baby. The princess went alang wi the idea. But whit did Miriam do? She fetched the boy's *ain* mither tae nurse the wee yin.

Moses grew up in the royal palace an the princess taught him tae read an write an dae his sums. But his mither aye telt him *who* he really wis, an that his people wir slaves. When he came tae manhood, he wis gey vexed tae see the Egyptian slavedrivers whippin an beatin his ain folk.

Wan day he saw an Israelite bein lashed by a big Egyptian bully. Moses went spare. Withoot waitin, he brought the man tae his knees an belted the livin daylights oot o him. He wis deid for sure. Lookin roon tae see that naebody wis watchin, he buried the corpse in the sand.

Moses kent soon enough that his ain life wis in danger. The Pharaoh sent his sodgers tae arrest him. Withoot delay, he ran tae the east an headed for the desert land o Sinai.

Miserable an wabbit, puir Moses arrived at a well an sat doon tae rest. Alang came seeven sisters tae watter their faither's sheep. Suddenly there wis a bit o a stramash when some shepherds blocked the lassies' path. Moses flexed his muscles an cleared the wey for them.

When the sisters returned hame, they telt their faither Jethro aw aboot the brave man who had helped them. Jethro wis a Midianite priest, as weel as a fermer.

'Whaur is the man noo?' he asked. 'Ye didny jist leave him at the well? Ye'd better run efter him an ask him tae come for his tea.'

Moses wis made welcome in Jethro's faimily. Indeed he mairried Zipporah, one o the daughters, an she bore two sons tae Moses.

In time, Moses wis gien the job o chief keeper o Jethro's flock, an he settled doon in Midian for nearly forty years.

Wan day, as he wis mindin his sheep oan the slope o Mount Sinai, he saw whit seemed tae be a bush in flames. The odd thing wis, though the bush wis burnin away, it didny faw apart! Moses heard a voice callin oot, 'Moses! Moses! Take aff yer sandals. Ye're standin in the presence o God.'

Moses wis feart an hid his face in his cloak.

The voice went oan, 'I am the God o Abraham, Isaac an Jacob. Ah've seen the sufferin o ma people in Egypt, an I am takin them oot o that land. You, Moses, will lead them aw inty a land flowin wi milk an honey.'

Moses gulped. 'Ah, Lord … eh, n-no me. Ah'm no fit tae dae that. Ye ken ah've got a k-k-kinna stutter an ah canny speak awfy weel.'

'Hiv nae fear,' says God. 'Yer brither Aaron can go wi ye. He's got the gift o the gab, so he can dae the talkin. Go tae Pharaoh an tell him tae release yer people.'

Moses wisny too sure o this, but he took his wife, his two weans, an wi his staff in his haun he set aff back tae the land o Egypt. There he met up wi his brither Aaron an, alang wi aw the elders o the people o Israel, they got doon oan their knees an prayed.

Moses an Aaron made the lang journey tae the Palace o the mighty Pharaoh an wir fair pleased tae get in tae see the heid man.

Moses pushed his brither in front o Pharaoh an Aaron spoke up. 'The Lord God o Israel says ye've tae let oor people leave this country.'

Pharaoh wis furious at this request. 'Get oot o ma sight!' he shouted. 'Ah don't ken yer God, an ah cudny care less.'

The Pharaoh then gied orders that naebody wis tae gie the Israelites the straw they needed tae make their bricks. They wir tae find their ain straw, but still keep up their quota.

Moses wis noo a gey worried man. That night he wis oan his knees again tae his Maker, an he telt him aw his troubles.

'Noo, haud oan,' says God. 'Ah want ye tae go back tae Pharaoh an prove yersel by workin a miracle wi that staff ye cairry.'

So Moses an Aaron went back tae the Pharaoh. They gied him a final warnin – if he didny free the Israelites, then their God wid bring doon ten disasters in his land.

But the Pharaoh paid nae heed.

Says Aaron tae Moses, 'Gie me yer rod, brither.'

Aaron lifted the staff, wheeched it roon his heid, an bashed it doon oan the palace flair. The staff wriggled for a wee bit then turned inty a big snake.

The king wisny aw that impressed ...

But things sterted tae happen – the watter in the River Nile turned bluid-rid an began tae stink ... a plague o frogs owerran the land ... then a swarm o flies an gnats ... horses an coos fell doon deid in their tracks ... aw the folk broke oot in biles an plooks ... a storm blew up ower the land ... hailstanes came plunkin doon like jauries ... a plague o locusts ate up aw the crops ... an for three hale days the sun wis blotted oot o the sky.

Then wan night there came a plague o death. At midnight the angel o death flew through the land killin aw the eldest sons o the Egyptians.

The Hebrews wir spared that terrible agony. God had telt them tae smear lamb's bluid oan their front doors, an the avengin angel wid pass ower their hooses withoot harm.

In the mornin the Pharaoh sent for Moses an Aaron. 'Get oot o ma land!' he screamed. 'Take aw yer folk an yer flocks, an leave us in peace.'

Tae get rid o the Hebrews as soon as they cud, the Egyptians bribed them, gien them fine claes an necklaces o gold an silver. God's promises had come true an the bairns o Israel set aff for the land o Canaan.

Sometime efter, Moses an his folk had moved oan. But – wid ye believe it? – Pharaoh had a chinge o mind! He wanted his slaves back, so he did, an gied orders tae his sodgers tae mount their chariots an track doon the Israelites in the desert.

Moses an his folk had camped near

the Sea o Reeds. At the sound o distant thunder, they looked up an saw Pharaoh's war chariots drivin nearer an nearer.

'Dinny be feart!' cried Moses. 'The guid Lord will save us f-f-fae thae Egyptians.'

Moses lifted his staff in the direction o the seashore. The winds began tae blaw ... an blaw ... an the sea opened up oan baith sides. The Hebrews gawped at this awesome sight as a path opened up afore them. Wan an aw they marched through dry land tae the ither side o the loch.

Moses looked up tae the Heavens an stretched oot his haun. The chariots o the enemy became bogged doon in aw the mud. The angry watters crashed back doon ower the path an the cruel Pharaoh's hale army wis drooned.

Moses an his folk wir jumpin wi joy. At last they wir free! Aaron's sister Miriam sterted shakin her tambourine, dancin up an doon, singin her thanks tae the Lord as the lang caravans set oot for a new land.

However, it wisny lang afore they began tae think aboot their empty bellies again an began tae girn tae Moses.

Moses prayed, an that night a flock o quails settled doon near the camp. They wir soon made ready for the fryin-pan. An in the mornin the folk enjoyed a special kinna treat. It wis cawd *manna* an it wis gethered in fae the tap o the bushes. The weans wir fair pleased wi theirsels. The stuff looked like thin wafers o breid an tasted like honey biscuits!

But still they girned. This time it wis the lack o fresh watter.

'Ach, that's nae trouble tae me an ma Maker,' thinks Moses. He takes his trusty staff an bangs it oan a big boulder. Lovely fresh watter spurts oot an the wee yins splash aboot in the spray. Everywan has a guid drink an the watterskins are topped up. Moses gies thanks tae the Almighty.

Noo, efter the folk o Israel had gone oot o Egypt – oan the day o the third new moon – they made their wey inty the wilderness an set doon their tents at the foot o Mount Sinai.

At this time God had some wise words tae gie tae his servant, Moses. A big cloud suddenly covered the tap o the mountain. Lightnin flashed ... thunder rumbled ... the hale mountain seemed tae shake like mad. Nae wunner the bairns o Israel wir feart.

When Moses heard a trumpet blast, he got the divine drift! He sterted climbin. Reachin the tap o Sinai, he listened tae his Heavenly Faither.

'Hear this, ma son,' says the Lord.

Moses wis ready tae hear.

'I hiv brought ye oot o Egypt in safety. I want ye noo – you an aw yer people – tae staun by these rules:

One	...	Serve me an me alane.
Two	...	Take nae heed o ither idols.
Three	...	Honour ma name – aye – respect the name o the Lord, yer God.
Fower	...	Nae workin oan the Sabbath.
Five	...	Love yer faither an mither.
Six	...	Nae murderin.
Seeven	...	Nae theivin.

Eight ... Nae lyin.
Nine ... Stick fast tae yer ain partner.
Ten ... Nae greedy habits.

Moses came doon fae the mountain an telt the folk aboot God's rules.

'Listen tae me,' says Moses. 'Ye've heard God's Laws. Pit up yer hauns if ye promise tae agree tae aw the rules.'

Everywan raised their hauns. Moses gied thanks tae the Lord.

The bairns o Israel journeyed oan. They had their ups an doons, but they learned tae trust in the Lord.

Efter a lang time – forty years – they came tae the land o Moab at the eastern end o the Jordan River.

Moses wis nearin the end o his brave life. He stood at the tap o a hill an looked oot ower the Promised Land. He blessed his folk an telt them that Joshua wid be their new leader. Wi tears in his eyes, he said tae them that he himsel widny be enterin the land o their dreams. At one hunner an twinty years auld, his journey had ended.

God's servant wis buried in the Moab Valley, but only God kens his restin place.

GIDEON

NOO when the folk o Israel sterted tae chase efter false gods, the Lord wisny best pleased, so he gied them ower inty the hauns o their enemies – the Midianites.

They wir a gey cruel lot an nae

mistake! For them, reivin wis the name o the game. The sodgers fae Midian ransacked the land, stealin aw the gear they cud pit their hauns oan. They even made aff wi the sheep an the coos, leavin the folk doon oan their uppers.

When they cud staun it nae mair, the people cried oot tae the Lord for help an their prayers wir heard.

A young man, cried Gideon, had been hidin fae the sodgers doon at the bottom o a wine-press, when, oot o the blue, an angel o the Lord appears afore him.

'Ye're a brave man, Gideon,' says the angel. 'An ah've got news for ye – the Lord God is oan *your* side.'

'Ye must be kiddin,' says Gideon, a bit gallus like. 'Ye ken we've been trampled doon for seeven lang years. How aboot aw the miracles oor faithers promised us when they said, *Did the Lord no free us oot o Egypt?* Seems like God has left us weel alane – an noo we're in the hauns o the Midianites!'

But the angel wisny fazed.

'Listen tae me, young Gideon. Ah'm plannin tae send you tae *smash* the Midianites an rescue the land o Israel fae their clutches.'

'That'll be right,' Gideon murmured. 'Listen! … ah'm a naebody … ma faimily's wan o the lowest o the low …. '

Then he cairries oan, ' … but still an aw, if ye *are* who ye say ye are, mebbe ye cud gie me proof! Whit aboot this – ah'll pit some wool oan the grun jist noo; an in the morn, if the wool's kinna wet an the grun's dry, ah'll believe ye!'

The next day, the grun's dry an the wool's wet – but Gideon's still no sure. He asks for mair proof – *dry wool* this time, wi *wet grun*. An, wance mair, he gets aw the right signs!

Gideon then caws his army thegither an sets oot tae meet the enemy.

Suddenly he hears God's voice, sayin, 'Gideon – can ye hear me?'

'Aye Faither, ah kin hear ye fine,' says Gideon. 'We're aw set tae get stuck in – ma sodgers are rarin for victory!'

'Weel then, hear this,' God says. 'Ah want ye tae tell ony man who's feart tae fecht the Midianites jist tae go hame.'

Oan hearin this, twinty-two thoosan so-cawd 'sodgers' skulked hame.

But ten thoosan steyed put.

'Na, still too many!' says God. 'I want ye tae take yer men doon tae the watter. Separate those who sook up the watter wi their tongues like dugs, fae those that drink oan their bended knees. Keep the yins that drink like dugs an send the rest hame.'

Efter this, Gideon's left wi jist three hunner men!

He splits his army inty three – wan hunner men in each. Then he gies each sodger a clay pot wi a lit torch inside; an, wi that, he hauns them a trumpet.

'Noo then men, dae the same as me,' Gideon says. 'When ma men get tae the side o the camp, we'll blaw oor trumpets an the rest o ye blaw wi aw yer might an main. Then crack yer jars an cry oot, *The sword o the Lord an o Gideon!*'

So, jist efter midnight, Gideon an his

hunner men creep roon tae wan side o the Midian camp. Oan order, they gie a blast oan their trumpets an smash their jars, so that their torches blaze like fire in the night sky.

Then the ither two hunner men charge roon, wavin their torches, blawin their trumpets an yellin, *'The sword o the Lord an o Gideon!'*

Weel, whit a stramash!

The Midianites go clean gyte wi fear an stert rinnin aroon like heidless hens, killin wan anither in their panic.

Gideon an his boys gie chase an drive the stragglers right ower the River Jordan.

The people o Israel wir free wance mair, an the land enjoyed peace for anither forty years – thanks tae Gideon.

God blessed the guid man, gied him mony sons, an he lived tae a ripe auld age.

SAMSON

WAN day an angel o the Lord came tae a man cawd Manoah. This man an his wife had aye wanted tae hiv a son, so the angel's arrival wis an answer tae their dreams.

Says the angel tae the couple, 'Yer Faither God has sent me tae gie ye guid news. He kens ye've aye wanted a wean. Weel, hear this. Ye're soon tae hiv a son. He will be special – aye, gey special! Yer Almighty Faither will make yer son mighty strang. He'll be a hero an rescue Israel fae the Philistines. [For at this time the warrior Philistines, fae alang the coast tae the west o Canaan, wir gien Israel a real hard time o it.] Noo listen – fae noo ye'll baith hiv tae take care o yersels – that means nae drinkin wine or beer, an nae eatin o food that isny kosher. When yer son is born, he'll be wan o God's special servants – a Nazirite. His *hale* life will be dedicated tae his Faither God. Aye, an wan mair thing – ye must *never … ever!* … cut his hair!'

Manoah an his wife wir chuffed tae bits at their news, an gied each ither a big hug. Says Manoah tae the angel, 'Dae ye want tae bide here for a bit? Ah mean, can we gie ye a piece 'n breid or somethin?'

'No, nuthin for me,' replies the angel. 'But ye can bring an offerin tae sacrifice tae the Lord.'

Tae be honest, Manoah didny really ken that he wis talkin tae an angel o the Lord. An so he said, 'When the wean's born, we'll want tae tell oor freens that it wis *you* who telt us it wis gauny happen. Will ye tell us yer name?'

'No,' says the angel, 'dinny ask me tae gie ye ma name. That's for me tae ken.'

So Manoah took some grain an a young goat, an gied it up as a sacrifice tae the Lord. As the flames wir leapin up tae the sky fae the altar, Manoah an his wife wir dumfoonert as the angel o the Lord mingled wi the flames an rose inty the Heavens. Then, realisin that the stranger *wis* the Lord's angel, they threw themsels face doon oan the grun an gied thanks.

When their son wis born, they cawd him Samson. As he grew up, he became strang – *gey* strang! – an his hair stretched doon ower his shouders.

Wan day, when he wis in the village o Timnah, Samson gied the eye tae a certain lassie. At hame he telt his mither an faither he wis keen tae wed this girl.

'Naw! Naw!' cried his faither. 'Can ye no pick a nice Jewish lassie? Why go for wan o thon heathen Philistines?'

But Samson widny listen tae his rantin an took his parents aff tae Timnah tae get the go-ahead fae the girl's mither an faither.

As they wir makin their wey tae the toon, Samson, who wis laggin behind a bit, wis suddenly attacked by a young lion. But the big man wisny pit oot. He jist grabbed the beast wi his fists, an ripped apart its jaws.

Noo he didny let oan aboot killin the lion tae his mither an faither. It jist didny occur tae him tae let them ken. An so they got themsels tae Timnah withoot further hitch.

Samson an the lass seemed tae hit it aff jist fine wi wan anither, an plans wir fixed for the mairriage. But some time efter, oan the very day he wis tae be mairried, Samson remembered aboot the lion he had mauled. Turnin aff the road tae Timnah, he saw the skeleton o the beast, lang efter the vultures had picked it dry. Seein a hale swarm o bees, he had anither keek into the carcass an saw that the rib-cage wis fu o honey. So he helped himsel tae the sweeties an went oan his wey.

The weddin celebration wis planned tae last a hale week. Aw the bride's freens wir invited tae the hoose an it wis the custom for the groom tae hiv thirty o his ain pals. Since Samson wis oan his tod, the bride's faither gethered thirty young men tae attend the do.

Noo, durin wan o the party games, Samson gied the Philistine men a riddle tae work oot, an he said he wid gie a prize if they got the answer – they wid *aw* get a new shirt an jaiket.

This wis the riddle:

> *Oot o the eater came somethin tae eat.*
> *Oot o the strang came somethin sweet.*

But efter three days they wir *still* tryin tae work oot the puzzle. They wirny pleased – they wir aw dead keen tae win the prize. So they spoke tae the bride.

'Listen, hen, why don't ye get the meanin o the riddle for yersel. Aye, then ye can tell it tae us. If ye don't find oot, we'll burn yer faither's hoose doon!'

Fair upset aboot that, the lassie agreed tae dae whit she cud. Wance alone wi Samson, she cuddled up close tae him. 'Here Sam, that wis a rare wee riddle ye set for the boys. If ah promise tae haud ma tongue, will ye tell me whit it wis aw aboot?'

'No wey!' answers Samson. 'Ah hivny even let oan tae ma faither an mither.'

But the lass wis determined tae coax oot the answer. She sat oan Samson's lap an sterted tae chuck his hairy cheeks. The big man cudny resist her wheedlin, an by the seeventh day he telt her the answer.

Straight-off she ran tae the Philistine men an that night they breenged inty

Samson. 'Aye, aye, Samson – is a strang lion no an eater? An whit cud be sweeter than honey? Right then – gie's the prize!'

Samson wis furious. He kent fine his wife wis the clype.

Suddenly the Holy Spirit came doon upon him and strength coorsed inty his brawny airms. He marched inty the Philistine toon o Ashkelon, slew thirty men, stole their claes, an flung the shirts an jaikets at the prize-winners. Then, still beelin wi rage, he abandoned his wife an went hame tae his faither.

An ye'll no can credit whit happened next – his wife got mairried tae the best man!

Samson, however, didny find this oot till later. At harvest time he went tae visit his wife, takin a present o a young goat. Makin for her room, he wis stopped by her faither.

'Haud oan Samson – ah thought ye'd gien ma daughter the heave awthegither – ah've gien her tae yer best man.'

Then the faither thought for a bit – 'But, haud oan a minute son, ye're welcome tae her wee sister. She's a bonny lass.'

Samson lost the place! He ran tae the Philistine cornfields an set fire tae the *hale* crop. Then, in revenge, his enemies burnt his wife an her faither. Samson went near berserk an ran amok amang the Philistines, killin hunners.

Then he hid in a cave in the side o a mountain.

* * *

IN those days Auld Nick wis havin a field day! The bairns o Israel wir bein seduced by Canaanite gods, an Samson, the great sodger, wis hankerin for hochmagandy.

Wan night, when he wis engaged wi a trollop, his enemies plotted tae kill him. 'The morn, when he leaves her hoose, he'll still be a bit dozy. We'll feenish him aff at the city gates.'

Samson must hiv smelt a rat – he got oot o bed at midnight, made for the gates, lifted them oot the grun onty his shouders, an dumped them at the tap o the Hebron Hill!

* * *

LATER oan in his life, Samson fell for a temptress cawd Delilah. The Philistine heid yins paid her a secret visit.

'We ken that ye're seein big Samson, ma dear. Maybe ye'd like tae earn eleven hunner shekels – fae *each wan* o us! Here's whit we want. Find oot the secret o the man's strength, so that we'll be able tae pit him in chains.'

Delilah took the bait.

Night efter night she nagged Samson tae tell her the secret o his mighty strength. At last he gied in.

'D'ye see, ma hair has never been cut fae the time ah wis born. Ah'm a Nazirite consecrated tae God. If ma hair wis cut, ah wid hiv nae mair strength than ony man.'

Delilah sent word tae the Philistine leaders, an they arrived wi the shekels. While Samson wis sleepin in Delilah's lap, a barber wis sent for an the seeven locks o his hair wir cut aff.

Delilah wis sleekit, so she wis – she screamed 'Samson! The Philistines are comin.'

Samson flexed his muscles but, shorn o his tresses, the Lord had left him weak.

The Philistines grabbed him, poked oot his eyes, an sent him tae grind grain in the prison.

Efter a while a great feast wis staged in the temple tae celebrate Samson's capture. The big man wis led in an set beside the two great pillars supportin the roof. Everywan in the hall jeered an screeched at the blind sodger. This wis pure dead brilliant, so it wis!

Samson whispered a prayer tae his Maker: 'Lord Jehovah – gie me ma strength back … jist wan mair time!'

Seein him talkin tae himsel, the crowd screamed aw the louder. But, by this time, his hair had sterted tae grow again. Pittin his hauns against each o the two marble pillars, Samson sterted tae push … an shove … an push … wi *aw* his might.

The folk taunted the blind warrior. It wis a great show, so it wis – aye, literally bringin the hoose doon.

Samson, the hero, died … alang wi three thoosan o his enemies.

RUTH

THERE wis wance a great drought in the land o Judah an mony folk decided they wid hiv tae go abroad in search o food.

A man cawd Elimelech bided in Bethlehem wi his wife Naomi an their two laddies – Mahlon an Chilion.

'Ye ken, we should be tryin oor luck in the land o Moab,' said Elimelech wan day.

The faimily aw agreed, so they packed their bags an set aff for this new country, hopin an prayin they'd be able tae get alang wi the customs o a different sort o people.

Weel, they settled in Moab, but sadly, no lang efterwards, Elimelech ups an dies. Even so, Naomi decided tae bide oan in her new hame. An soon enough, baith o her sons wir wed tae two bonny Moabite lassies cawd Orpah an Ruth.

Naomi wis pleased wi her new faimily an aw went jist fine for the next ten years.

Then – very sad, so it wis – baith o the sons passed oan.

Puir Naomi wis desolate – first sufferin the loss o her man an noo her two laddies.

Efter days o hert-searchin, she made plans tae go back tae her ain folk in Bethlehem, havin heard the news that the Lord had blessed his folks there by giein them guid crops again.

Orpah an Ruth said they'd go wi her, an the three weemen set aff oan their travels up the valley o the Jordan.

But it didny take lang afore Naomi chinged her mind.

Says she tae them, 'Ma lassies, I want ye baith tae go hame tae yer ain faimilies. An may God gie his blessin that ye'll find two ither guid men for husbands.'

Naomi kissed the girls an aw three o them burst oot greetin. Orpah wished her mither-in-law fareweel an headed back tae her ain folk.

But Ruth wisny that struck oan the idea. She had made up her mind. 'Please dinny mak me gang hame, Naomi! I want tae gang whaur you gang, an bide whaur you bide. Your folk will be ma folk – an your God will be mine as weel. Only death will pairt you an me.'

When Naomi saw the wey Ruth's mind wis set, she cudny argue wi her.

So Naomi an Ruth set aff oan their journey, arrivin in Bethlehem at the stert o the barley hairst.

Then wan day Ruth said tae Naomi, 'Wid you gie me yer blessin tae gang inty the fields an gaither up ony barley stalks that've been owerlooked by the reapers?'

Naomi gied her the nod, an aff she went inty wan o the fields, gaitherin up the stalks.

Noo, it jist so happened that the field belanged tae a man cawd Boaz. Believe it or no, he wis Naomi's kinsman in Bethlehem an he wis a gey rich fermer.

A wee while efter, who should come inty the field but Boaz himsel!

'Ye're daein a grand job,' he shouted oot tae the ither workers.

Then, tae wan o his fee'd-men, he

nodded tae young Ruth, sayin, 'See that lass ower there – d'ye ken who she is?'

The man looked ower. 'Ah'm no awfy sure – ah think that's the lassie that came back wi Naomi fae Moab,' he telt Boaz. 'She's been pickin up grain here since the crack o dawn.'

Boaz wis fair impressed an went ower tae Ruth.

'Guid-day tae ye, my dear,' he said, kindly. 'Welcome tae Bethlehem.'

Ruth gied him a shy smile.

'Noo, see here,' Boaz went oan, 'I want ye tae stey put in this field an don't go stravaigin. I've telt aw the young men no tae gie ye ony hassle. If ye're thirsty, by the wey, the watter jugs are ower there.'

'Ah'm fell obliged tae ye, sir,' Ruth answered in a douce voice, 'considerin I'm a foreigner .... '

'Na, na, I ken *aw* aboot ye,' Boaz says. 'How ye left yer ain country an hame tae live here. How ye've looked efter Naomi since she lost her man.'

Ruth smiles at the fermer. 'You're ower kind, sir. Thank you.'

Boaz then telt his reapers tae make sure that Ruth went hame wi a guid airmfu o barley stalks.

Naomi wis fair pleased wi Ruth's labours. 'Ye've done very weel, ma lass. Whaur did ye go?'

'I worked in the field o a gey couthie man – Boaz wis his name,' says Ruth. 'He seemed fair taken wi me. He said I cud cairry oan till the end o the hairst.'

'God be praised!' cries Naomi. 'Wid ye believe it? – Boaz is a kinsman o mine.

Lassie, we've surely been blessed this day!'

The day soon came when Naomi says tae Ruth, 'Ye ken, I'm thinkin that the time has come, daughter, for me tae pick oot anither husband for ye. Boaz is the man I hiv in mind. So here's whit I want ye tae do.

'The grain will aw be gaithered in the night, an Boaz will be havin his harvest supper. When he's feenished his meal, he'll want tae hae a snooze – an that'll be yer chance. You jist lie doon beside him an share his robe. He'll soon get the message.'

So Ruth went tae the threshin shed, jist as Naomi had telt her, an when the supper wis ower, she noticed Boaz wis in a fair contented mood.

He lay doon, an, sure enough, fell sound asleep.

Ruth cud feel her wee hert poundin like she'd never kent it afore. She tiptoed near, held her breath, an quietly lay doon beside her boss. Then, slowly, she covered her legs wi the skirt o his robe.

At midnight, Boaz turns ower in his sleep. He feels the warmth o her body an opens his eyes.

'Who's that?' he gasps in surprise.

'Ruth, sir,' she whispers. 'I've been telt that you are ma close kin.'

Boaz took a wee while tae recover fae the shock o it, but, tae be honest, he wis kinna happy aboot the wey things wir turnin oot.

'Ye're a guid lass, Ruth,' he says tae her, 'but I hiv tae tell ye it's no that easy – I'm no yer nearest kin wi a God-gien right tae wed ye. I'll speak tae the right man the morn, an gie him his chance by law.'

Next day Boaz goes tae the village tae find the kinsman in question. Then he forms a coort o ten elders an speaks his mind tae the man.

'Ye ken aboot Naomi? She's come hame tae sell the field belangin tae her man. You, sir, hiv first claim, an I come next. But I hiv tae tell ye – if ye buy the field, ye'll need tae wed Ruth, the Moabite lass, inty the bargain.'

'Weel, that makes a difference,' says the man. 'No, ah'll no dae it, for fear ah spile ma ain inheritance.'

Noo, since it wis the custom in thon times in Israel for a man tae pull aff his sandal if he wis gien ower a right o sale tae anither man, that's jist whit he did.

'*You* can make the claim, Boaz,' says the man.

Boaz turned an spoke tae aw the folk.

'I agree tae buy the gear that belanged tae Elimelech, Mahlon an Chilion. An I agree tae take Ruth as ma wife. The gear will aw faw tae her bairns an Elimelech's guid name will no die oot. You are ma witnesses.'

Ruth an Boaz wir wed an a fine son wis born tae them in due time. Naomi wis fair delighted an cuddled the bairn tae her breast. Obed wis the name o the bairn.

Noo here's a fact tae ponder – Obed wis tae be King David's grandfaither!

SAMUEL

THERE wis a wee place near Jerusalem cawd Ramah, whaur an Israelite cawd Elkanah lived wi his two wives, Penninah an Hannah. Penninah had some weans, but Hannah had nane.

Wance a year Elkanah took the hale faimily oan a kinna pilgrimage tae the village o Shiloh. It was here that Joshua made a tent for the Ark o the Covenant, the sacred chest that the folk had guarded durin aw their wanderins. So Shiloh wis the place tae worship God an tae offer a sacrifice.

The priest at Shiloh wis cawd Eli an his two sons gied him a hand at the services.

Noo this wis supposed tae be a happy time o celebration, but Penninah, wi aw her weans roon aboot her, didny make it awfy bright for wife number two – Hannah. Penninah wis a hertless kinna body an kept boastin aboot her weans, kennin fine that puir Hannah wis vexed at no hivin even wan hersel.

Efter the big faimily meal wan year, Hannah left the table an went ower tae the temple whaur Eli wis sittin at the door. She drapped tae her knees inside the door an whispered a prayer.

'Oh Lord, ma God, ma hert's fu tae brekin. Ah jist want tae gie birth tae a son. If ye answer ma prayer, ah promise ma boy'll serve ye his hale life lang.'

Eli heard Hannah's prayer an telt her tae stop greetin an go hame in peace.

'Wipe yer tears, lass,' said the auld

priest, 'an may the guid God o Israel grant yer wish.'

Sure enough, God answered Hannah's prayer, an she gied birth tae a bonny wee boy. She cawd him Samuel, cared for the lad for three years, an then took him tae Eli. He wid grow up an serve the guid Lord in the temple at Shiloh.

Time passed. Eli wis gettin auld. Wan night he wis sleepin in his room an Samuel wis sleepin in the shrine next tae the covenant chest. Suddenly the lad woke up wi a jerk when he heard a voice speakin his name.

He went through tae Eli, but the priest hadny cawd him.

Wance mair Samuel heard the voice. He went inty the auld man's room, but Eli wis sleepin sound.

When he heard the voice for a third time, sayin 'Samuel! Samuel!', he kent he wisny dreamin. He went straight tae Eli.

'Samuel, ma son,' says the priest, 'jist go back tae yer bed. It's the Almighty that's speakin tae ye. Prepare yersel tae hear him again.'

Wance mair God spoke. 'Samuel, can you hear me?'

This time the lad answered, 'Aye, Lord, ah can hear ye – ah'm at yer service.'

God telt Samuel that he wisny pleased wi the conduct o Eli's two sons. They widny be needed as priests ony mair.

In the mornin, when Eli asked whit the Lord had been sayin, Samuel wis feart tae gie him the gist. But Eli persuaded the lad tae talk.

'Dinny fret, Samuel,' Eli murmured.

'It's God's will – He kens whit's best for us aw.'

★   ★   ★

NOO, it wis a fact that in thae days the Philistines wir fair mad for war, so they wir, an they challenged the Israelites tae battle. There wis fierce fechtin, an when the Israelites seemed tae be losin, they sent tae Shiloh for God's covenant chest, hopin it wid gie them the best o the fecht. But it didny work oot for them.

Oan tap o that, baith o Eli's sons wir pit doon, an the victors cairried aff the precious chest.

By this time, Eli wis gey auld an doddery. Oan hearin the terrible news fae the battle-front, he fell doon an broke his neck.

The Philistines went hame wi the sacred box an pit it in their ain temple, next tae their chief idol Dagon. The followin day they cudny believe whit had happened – Dagon's statue wis lyin flat oot oan its face, next tae the chest.

They pit it back up, but the next mornin it wis doon again, an this time it wis smashed tae smithereens!

The Philistines wir gey feart at this, but there wis mair tae come. For the *hale* land began tae swarm wi rats an aw the folk wir smitten wi a plague o boils.

Their magicians an so-cawd wise men telt them the cause o aw their troubles.

'Israel's God has cast a spell since we stole thon sacred box,' they said. 'We'd better get shot o it right noo.'

So the covenant chest wis hefted inty a cart an too coos wir hitched oan tae drive it. It wis nae bother at aw tae them. Like a pair o trained circus ponies they sterted mooin wi content an heidit straight for Israel's border.

* * *

SAMUEL wis fair pleased tae see the sacred box back in its proper hame. He wis a guid priest an everywan loved him. He wis aye happy tae gie advice an egged oan the folk tae obey the Lord. He wis honest an fair wi ony faimily squabbles, an durin his time as priest the Israelites gethered a strang army tae guard themsels against the Philistines.

Nanetheless, as Samuel grew inty an auld man, the Israelites sterted tae wonder whit wid happen when he left them. They said tae him, 'Samuel – when you're no here, we don't want yer sons tae lead us. We'd be better aff if *you* gied us a king.'

Samuel wisny pleased – the folk seemed tae be rejectin their ain real Lord God o Israel. He warned them that if they took a king like ither nations, they wid be awfy sorry. A king wid take a tenth o their grain an a tenth o their flocks. Aye – an he wid turn them inty slaves.

They didny want tae hear Samuel's doom an gloom. 'We ken whit we want!' they cried. 'Gie us a king for oorsels who'll lead us tae war an fecht aw oor battles.'

So, fed up wi their blethers, Samuel prayed tae his Maker, an God said, 'Let the folk hiv their ain wey.'

An so it happened that a big man cawd Saul became Israel's first king. Saul wis a guid-lookin young man, an his faither, Kish, wis a rich fermer. Samuel met Saul when he wis oot in the fields searchin for some lost donkeys. As ye can imagine, the big man wis astonished when Samuel let oan tae him aboot God's plans.

'Ma son,' Samuel said. 'God has picked *you* tae be the first king o Israel!' Then Samuel took oot a wee bottle o olive oil an poured a wee drap oan Saul's heid. This wis tae show that God's blessin wis restin oan the young man.

At the stert, Saul obeyed God an did as he wis telt in God's eyes. The people wir fond o him. He wis a brave warrior an victorious in maist o his battles.

Nanetheless, there came a time when Saul widny take God's guidin hand. He became big-heidit an obstinate. Finally God telt Samuel, 'We need a new king – we canny trust that Saul ony mair. Ah've picked oot wan o the sons o Jesse. He has seeven sons awthegither, so get aff tae Bethlehem an anoint the new king. Jist wan thing mair – keep aw this secret fae the people for the time bein.'

Samuel made his wey tae Bethlehem, whaur Jesse lined his sons up for inspection. Samuel checked every wan o them, but he didny seem tae be gettin the nod fae his Heavenly Faither.

'Right, is this yer *hale* faimily?' says the prophet.

Jesse replies, 'Aye, sir, apart fae ma youngest boy – Davie – he's oot the noo tendin the sheep.'

So Jesse sent for Davie an the shepherd laddie arrived, oot o pech, fae the field. Samuel anointed David's heid wi oil an, fae that day, the spirit o the Lord rested oan the king-tae-be.

DAVID

David fechts Goliath

WAN day it happened that the same wee shepherd laddie cawd David wis sittin fair contented guardin his sheep.

'Davie, ma boy,' his faither Jesse cries ower tae him, 'will ye dae me a favour? Ah've got a job for ye that'll help pit ma mind at rest.

'Nip up tae the battle-front an speir whither yer big brithers are safe an weel. Take thae rolls wi ye for the boys, an gie this bit o ripe cheese tae their captain. It'll keep his girnin face straight.'

'Aye Dad,' says Davie, eager tae please. 'Is there onythin else?'

'Aye – mind an bide weel back fae the fechtin an see ye hurry back hame.'

Aff the wee laddie ran.

Noo, as ye awready ken, the Israelites at this time wir aye at loggerheids wi them that wir cawd the Philistines, an Jesse's three boys wir right smack in the fechtin line.

Fair oot o pech, Davie ran inty the Israelite camp jist as the army wis leavin tae go inty battle. The wee lad rushed aroon, lookin for his big brithers.

But no sooner had the army marched

oot, than aw the brave warriors wir back-
pedallin like mad tae their tents.

Aw the shoutin an yellin died doon,
gien wey tae garbled murmurs.

'That's gey funny,' Davie says tae himsel.
'Wunner whit's gaun oan?'

He soon fund oot!

An enormous sodger wis leadin the
Philistines across the valley – a giant o a
man cawd Goliath fae the city o Gath.

'God Almighty!' Davie whispers – 'an
ah'm no takin yer name in vain Faither,
honest! But that sodger! He must be ower
nine feet high!'

Goliath thundered oot his challenge:
'Come oan then, ya bunch o nae-users!
Pick oot a fechter for me an ah'll settle
this stramash in wan square go!'

Weel, the Israelites had nae gumption
tae face up tae the giant an wir shattered
tae the core.

All o a sudden wee Davie speaks up.

'Excuse me, if ye please – *ah'll* be
willin tae fecht this big bully!'

The Israelites wir gobsmacked! Did
this wee nyaff ken whit he wis sayin?

'Ah guard ma faither's sheep back
hame. Ah've tackled mony a wild beast.
Jings, ah've even killed bears an lions afore
noo.'

King Saul sends for Davie. 'Haud oan
son, ye canny fecht Goliath. He'll crush
ye wi wan fell blow. Ye've got tae bear in
mind he's a giant as weel as a sodger.'

'Aye, but yer majesty,' says Davie, 'the
Lord is oan ma side. Ah'm no feart tae
fecht the Philistine. All ah need is ma sling
an five smooth stanes an ah'll kill him for

sure. Ah ken that the Lord'll be lookin efter me. Ah'll gie the big man laldy.'

'Very weel,' answers the king, shakin his heid. 'God be wi ye, son.'

An he minded suddenly, 'Oh, David – ye'll be needin some armour. Here, try mine.'

Davie pits oan the royal coat o mail, but the big helmet clanks doon ower his eyes. He canny budge wi the weight o it.

'Ach, it's nae use, sir!' Davie cries oot, throwin the helmet aff. 'Ah canny fecht like this. Ah'll manage fine withoot the gear.'

So Davie throws aff the armour an runs ower tae a stream nearby tae pick up five big chuckies for his sling.

Goliath, the big man, dauners up tae Davie an looks him up an doon. Then he raps oan his shield wi the end o his spear. 'Are *you* the best they've got?' he sneers. 'Weel, come oan then, ya scrawny plook! By ma ain god, Dagon, ah'll cut ye up for the sparras!'

'No wey, big man,' Davie pipes up, 'it's *your* body that'll go tae the birds. For I come in the name o *Israel's* God an he'll gie me the upper haun the day.'

Fair roarin by noo, Goliath moves in, an Davie lets fly wi his biggest chuckie.

It *wheechs* through the air, smashin inty the foreheid o the big man.

Goliath teeters for a wee bit an then crashes doon tae the grun, flat oan his face.

'An noo, tae make sure … ,' Davie yells.

He ran tae the giant, hauled up the sword – an hewed aff Goliath's heid!

David an Saul

DAVID'S fecht wi Goliath had made him dead famous. King Saul gied him a commission in the army an, tae stert wi, he an the king got oan jist fine. Indeed, Saul's son Jonathan an David became real pally. An when Saul's daughter, Princess Michal, an David fell in love, Saul gied a blessin oan their mairriage.

There wisny a cloud oan the horizon … but no for lang.

When David became a great success in the battlefield, Saul took the huff an wis gey jealous when David's supporters sterted singin, 'Saul has killed thoosans, but David has killed *tens* o thoosans!'

Black moods began tae descend oan the king. He wid fly inty a temper wi nae warnin at aw.

Wan day, when his majesty wis in this manic frame o mind, he picked up a spear an wheeched it at David's heid. Davie ducked an the weapon stuck in the palace flair!

Efter a second attempt oan his life, David decided tae move ludgins.

Jonathan wis upset at his faither's actions an telt David tae run, but swore always tae be his freen.

That night, David's wife Michal helped him tae escape. When the guards had nodded aff, he shinned doon a rope fae his windae, dreeped tae the grun, an ran aff.

David was noo an outlaw. He gethered thegither a wee band o supporters. Maist o them wir honest men – an some wir chancers, so they wir – but wan an aw they gied David a hunner per cent loyalty. They lived in the hills an formed theirsels inty an army.

But Saul wis still determined tae hunt David doon an pit an end tae ony challenge tae his croon. When he wis telt whaur David wis hidin in the wilderness, he says tae his cousin Abner, his army commander, 'Right then! We'll move in an kill that wee upstert!'

So they camped near a deep ravine an settled doon for the night, Saul takin a cave tae bide in. In the wee sma hours, David an two o his men crept past the guards an stood in the cave whaur Saul wis sleepin.

'Noo's yer chance,' whispered wan o David's men. 'Pierce his hert an aw yer troubles are feenished.'

David gazed at the sleepin king, but cudny bring himsel tae murder the faither o his wife.

'In God's guid time he'll come tae his end,' he prayed. An, tip-toein oot o the cave, he lifted Saul's watter-jar an his spear.

In the mornin, David yelled oot fae the cliff-side tae the king's guards. 'See you lot – ye're lazy, so ye are! Ye should pey mair heed. We cud've killed yer maister. See? Here's his spear!'

King Saul recognised the voice o David an felt gey ashamed for huntin him doon.

* * *

NOO, durin this time there wir mony civil wars an skirmishes. Wan day a battle raged between Israel an the Philistines. The

Philistines had the upper haun an the Israelites wir rinnin for their lives. Jonathan an his two brithers wir killed an Saul wis wounded by an enemy arrow. The king didny want tae be taken alive, so, endin it aw – he fell oan his ain sword!

When David heard the news, he wis grief-stricken an tore at his claes in his sadness. He wrote a sang tae remember the deid:

Saul an Jonathan,
Heroes baith –
Thegither in life,
Thegither in daith.

Wi Saul oot the wey, it wisny lang afore David wis crooned King o Israel. He wisny an ootlaw ony mair.

When he made Jerusalem his capital city, it wis a day o great celebration. He wanted Jerusalem tae be kent as God's city an he placed God's golden covenant chest in a special tent. Then he ordered a big feast for everywan. There wis music, singin, clappin hauns, an dancin.

King David wis fu o joy an jigged wi the best o them. In fact his wife Michal thought her man wis actin gallus an gied him a bit glower for his performance – but it made nae difference. David wis a fine man, a great sodger, an a brilliant leader.

He wis a modest man an aw, loved an respected by his people. Durin his life, he aye tried tae be loyal tae his Maker. But, like maist folk, David wisny perfect. He cud faw inty temptation like the rest o us.

Wan night, fate took a haun. David cudny sleep, so he took a bit dauner oan the flat roof o his palace. It wis a cool spring night an he jist happened tae keek doon below his roof. Weel, he cudny believe his eyes! He wis gazin at a lady takin her evenin bath – the bonniest lady he'd ever seen in his hale life!

Lust took haud o the man an he sent a servant tae find oot her name. The man came back wi the news.

'Yer Majesty, her name is Bathsheba. Her husband is Uriah, wan o yer sodgers. He's away the noo fechtin the war wi Joab.'

'Oh, is he noo?' thought David.

So David sent for the lady an lay doon wi her.

Efter a time, Bathsheba had news – she telt David that she wis wi child an that he wis the faither. David wis in big trouble. He wrote tae his commander Joab.

'Send Uriah tae the front line o the fechtin. Make sure he disny come back!'

Things seemed tae work oot accordin tae plan. Uriah wis killed an David wis wed tae Bathsheba. The wean wis born – a boy – an King David jaloused that naebody wid ken his secret. But God kent … an He *wisny* pleased. He sent the prophet Nathan tae hiv a word wi David.

Nathan bowed low afore the king. 'May God bless yer Majesty! Aye … an lang may ye reign!'

The king smiled at the prophet. 'Come in sir, sit doon. Whit can ah dae tae help ye?'

'Yer Majesty …' begins Nathan.

'Ah'm listenin,' says David, lollin back oan his throne.

Nathan telt his story:

'Wance upon a time there wir two men livin in the same land – wan o them wis gey rich an the ither wis gey puir. The man wi the money had big flocks o sheep an herds o coos. The man wi nae money had only wan wee pet lamb. The lamb wis like wan o the faimily an the weans played wi the wee cratur.

'Weel, wan day the rich man wis havin a picnic for some freens an needed a lamb for the pot. Weel, ye'll no believe this, yer Majesty! Whit did he dae? He gied orders tae his servants tae kill the puir man's pet lamb an no tae touch his ain big flock.'

David listened tae the prophet's story an wis mad at the rich man's hertless deed. He got up fae his throne an clenched his fists.

'Devil that he wis! He deserved tae lose his heid!'

There wis deid silence for a bit an then Nathan pointed his finger at the king.

'You are that man,' says he. '*You* wir jist a shepherd laddie an God made you a king! Yer Heavenly Faither has gien you everythin ye cud wish for – wives, weans, an a palace. That wisny enough, so it wisny. You had tae steal Uriah's wan treasure – his wife. An no content wi that, ye sent a sodger tae his death! Ye've sinned against the Lord, yer Majesty, an because o that yer wean will no survive.'

Getherin up his cloak, Nathan left the palace.

David an Bathsheba wir grief-stricken

when their wee lad took sick an died.
In time, however, Bathsheba gied birth
tae anither boy – Solomon. Nathan
blessed the boy an cawd him 'beloved o
the Lord'.

As the years passed, David wis a gey
busy man. He had mony wives an a big
faimily. He won mony battles an his king-
dom grew an grew. He even took time
tae write poetry an psalms.

But, nanetheless, the puir man didny
seem tae be able tae keep his sons under
control. They aye seemed tae be quarrellin
wi each ither. Wan o his younger sons wis
cawd Absolom, an he wis his faither's
favourite. But David got nae thanks for the
love he gied this son, for when Absolom
saw his faither gettin oan a bit an losin
his wey, he sterted tae get ambitions tae
become king himsel.

Noo Absolom wis a guid-lookin
young prince, wi lang blond curly hair,
an gold rings in his ears. He wis popular
wi aw the people an pretended tae take a
big interest in their problems. In his ain
time, he built up plenty o supporters, an
then, when the time wis ripe, he pounced.
He sent an order tae aw his men tae take
command o their toons.

'Blaw the trumpets,' he telt them, 'an
shout *Absolom is King!'*

Absolom's coup went jist the wey he
planned it. His army sterted tae move oan
Jerusalem. No wantin tae fecht his ain
son, David fled the city wi aw his faimily
an his loyal army.

But David wis in nae real hurry. He
gethered his troops thegither an split them

inty three groups. A terrible battle wis aboot tae stert.

David gied oot orders – 'Nae herm must come tae ma son Absolom!'

An so the battle raged an David's army won the day.

Noo, some o David's men, comin through the woods, discovered Absolom hingin by his hair oan a tree, efter his mule had ditched him an galloped aff. Joab wis telt aboot the accident – gied the signal tae his men – an the bonny prince, hingin oan the tree, had three spears sunk inty his body.

King David wis telt the news. It nearly broke his hert.

'Aw, ma son, Absolom,' he grat. 'I wish ah cud've died masel, instead o you. Aw Absolom, ma son!'

★   ★   ★

BY noo King David wis nearin the end o his years.

Lyin in his bed he wis feelin gey cauld, even wi the blankets ower his heid, an so a young lass cawd Abishag wis fetched tae bed doon wi the auld sowl an warm his bluid. Abishag wis a bonny lass, a real cracker in fact. She wis a virgin – so there wis nae hanky-panky.

God had gien a promise tae Abraham to take his people inty a new land, an David had completed that task. He had been a humble shepherd laddie who rose tae become a great king an a mighty warrior. He cared for aw his people an won their herts. As a leader he brought the hale o Israel thegither under wan rule.

When David's final hours are drawin near, he sends for his prophet Nathan.

'Ah want ye tae see that ma son, Solomon, will sit oan ma throne. Anoint him wi the holy oil,' whispers the king, 'then tell everywan tae shout oot *Lang live Solomon!* Then blaw the trumpets! He'll be the king ower Israel an ower Judah.'

An so it wis that the mighty David ended his days, an Solomon sterted his reign.

SOLOMON

SOLOMON had been gien sound advice fae his faither – 'Obey the Lord o Moses.'

Solomon prayed tae his Maker: 'Please God,' he said humbly, 'ah'm no jist sure how tae rule ower the folk. Ah want yer help. Gie me the wisdom ah'll need, an the strength.'

God wis pleased wi Solomon's request.

'Hiv nae fear,' says God. 'I mean, ye cud've asked tae live tae a ripe auld age, or for riches, or for aw yer enemies tae drap deid – but no, ye asked for common sense. Ma son, ah'll make ye a wise man. Mair than that, ah'll gie ye riches an fame.'

God's promises tae Solomon came true, right enough. The new king became a really wise man.

Wan day two prostitutes came tae see the king an there wis a right stramash.

Wan o the weemen wis haudin a wean, shoutin, 'He's *ma* son – he belangs tae *me!*'

The ither wumman began tae tell the

story: 'D'ye see, sir, we baith live in the same hoose. Ma boy wis born afore hers, right? But her wean died in the night. So she stole ma wean an pit her deid wean in its place.'

The first wumman wis haudin her wean fast. 'Away, that's *no* true!' she cried. '*Yours* is the deid wean.'

Solomon let the two mithers argie-bargie for a bit then cawd for silence.

'Bring me a sword,' says the king. 'Noo then – cut the wean in two an each wan o ye will get hauf!'

'*No wey!*' screams the real mither. 'Naw, ye *canny* kill him … gie the bairn tae her, if ye hiv tae … ah'd raither she had him than that!'

Solomon pointed tae the first wumman. 'The custody belangs tae this lass. She wished nae herm for the wean.'

Weel, the hale o Jerusalem soon kent aboot this judgment o Solomon an wir fair pleased they had a wise ruler. Even the Queen o Sheba heard tell o this brainy King o Israel an wis determined tae check oot the truth for hersel. An so she set oot wi her big caravan aw loaded up wi presents o rare spices, gold an jewels.

Arrivin at the palace, the queen wis gey impressed at the luxury o Solomon's coort. There wis a great feast in the throne-room – even the servants wir dressed tae kill. Efter dinner the queen asked Solomon if he minded takin a wee test – a kinna twinty-questions quiz. The king wis willin, so the queen fired some questions at him. Solomon gied aw the right answers.

'Weel done, yer Majesty,' says the queen. 'Go tae the tap o the class. Aw the stories aboot yer wisdom are true, right enough.'

Solomon gied the queen some stores o wheat an oil. She then set oot oan the lang journey back tae her ain land.

★ ★ ★

SOLOMON ruled ower Israel for forty years an for maist o his reign he wis a credit tae his Maker. There wis peace in the land durin his time.

But as weel as bein a wise ruler, he wis a kinna regal entrepreneur. He built an empire which took in trade routes tae Africa, Asia, Arabia an Asia Minor. He bought an sold horses. His fleet o ships sailed fae the Gulf o Aqaba tae Ophir oan the coast o the Red Sea, bringin hame gold, silver, precious stanes, ivory, apes an peacocks.

He wrote aboot three thoosan wise sayins cawd proverbs, an made up a thoosan sangs for the temple choirs.

An it wid be true tae say that Solomon wis never short o company. He had seven hunner wives, princesses an three hunner concubines. But that didny aye mean guid news, for some o his pagan princesses bowed doon tae their ain foreign idols an persuaded Solomon tae go alang wi them.

God wis vexed wi Solomon.

'I promised tae gie ye the kingdom o Israel, tae you an aw yer faimily. I gied ye wisdom. Ye promised tae obey ma rules an ye've broken yer promises. For yer sins ah'm takin maist o yer kingdom away fae you an yer faimily. Nanetheless this will no happen while ye live. There will still be a pairt o yer kingdom for yer faimily tae rule ower for ever. That wis a promise made tae yer faither, King David.'

When Solomon died he wis buried in the city o his faither David, an his son Rehoboam took ower his throne.

ELIJAH

WHEN Solomon died, the nation wis split inty two pairts – Israel in the north an Judah tae the south.

Sadly, none o the kings followin Solomon cared much for the livin God. The seeventh king efter Solomon – Ahab – wis the worst o the lot. He mairried the King o Sidon's daughter – a princess cawd Jezebel. She turned oot tae be a cruel, wicked wumman who worshipped the idol Baal – supposed tae be the god o weather an war. She brought her ain prophets an pit tae death the prophets o the God o Israel. An no content wi murder, she got Ahab tae build a temple for her idol Baal.

But God wis watchin the evil queen. He telt the prophet Elijah tae gie Ahab an Jezebel a visit.

Arrivin at the royal palace, Elijah wis a gey irate preacher.

'Yer Majesty,' says he – an his voice wis shakin – 'Yer Majesty … you an yer queen are … actin wi evil in the sight o

God. Noo, ah hiv tae tell ye this – as sure as the Lord God o Israel lives, ye will hiv nae rain until ye mend yer weys.'

Weel, of course, the king wis mad wi the prophet an Elijah wis lucky tae escape the palace in wan piece. But God wis lookin oot for him an telt him tae hide fae the king oan the ither side o the River Jordan, by the Cherith Brook.

So Elijah camped near the brook.

'Drink the watter fae the brook,' says the Lord, 'an for food, ma son, ah've telt the ravens tae feed ye.'

So Elijah drinks fae the brook an, right enough, each mornin an night, the ravens bring him breid an meat.

When the watter in the brook dried up, the Lord had anither word wi the prophet.

'Ah want ye noo tae go tae Zarephath near the seaside. When ye get there ye'll meet a weedow-wumman. She'll be expectin ye. Ah've telt her tae see tae yer needs, an tae feed ye.'

Arrivin at the gate o the city Elijah meets a wumman getherin sticks. He kens in his hert this is the weedow he's lookin for. He says tae her, 'Will ye gie me a drink o watter, an wid ye hiv a bit o breid for me as weel?'

She says tae him, 'Ah swear by the livin God ah hiv *nae* breid in the hoose. An ah've only got a wee tate o flour left, an a few draps o oil in ma jar. Ah'm gauny take these sticks hame an cook a last meal for me an ma boy. Efter that, we'll baith die o stervation.'

'Dinny fret, lass,' says Elijah, gently. 'Jist

bake a loaf for me first. Ah hiv God's word
that yer flour an oil will no run oot as
lang as the drought lasts.'

An it aw worked oot jist as God had
planned.

Elijah steyed wi the weedow an, jist as
he said, there wis aye enough flour tae
make breid each day.

*   *   *

NOO three years passed withoot a drap o
rain an King Ahab an his folk wir comin
tae the end o their tether. So God telt
Elijah tae visit the palace.

Ahab glowered at the prophet – 'Aw
haw! It's you, is it? The trouble-maker!
Whit's yer game noo?'

'Na! Na! It's no game,' replies Elijah,
'You're the wan that's caused aw the
trouble. Ye've deserted the laws o God an
ye've turned tae the idol o Baal. See here,
yer Majesty! Ah want ye tae gether aw yer
folk thegither at Mount Carmel – aye, an
aw yer prophets o Baal as weel.'

When they aw get thegither at the
Mount, Elijah is a happy man. He prays a
wee quiet prayer tae his Maker an takes a
deep breath.

'Hear this!' he shouts, 'Ye'll aw need
tae make up yer minds. Ye canny worship
Baal an God at the same time. We'll find
oot noo jist who *is* the true God.'

The folk wirny aw that sure whit the
prophet wis oan aboot.

'Ah'm sayin tae ye,' cried Elijah, 'we'll
gie two sacrifices – wan tae Baal, an wan
tae God. You lot can shout oot for yer

idol an ah'll call oan the God o Israel. Whichever wan answers by fire will be the true God.'

The priests o Baal get to it an build their altar. They pit wood oan tap an lay their bull sacrifice upon it. Then they stert tae pray for fire tae kindle the heap.

Nuthin happens …

For the hale day they dance aboot in a frenzy, screamin for fire.

But still nuthin happens …

Elijah begins tae taunt them.

'Em … he disny seem tae hear ye. Mebbe yer Baal is oan his holidays, or he's hivin a wee nap. Oh, here! Mebbe he's jist popped inty the loo!'

Then Elijah builds his ain altar, pits oan his wood an sacrifice … an he prays.

'Oh, Lord ma God, let the folk ken you are the wan true God.'

Then it sterts – crackle! … whoosh! … bang! bang! bang! The friendly flames an holy smoke snake roon the altar an race inty the skies.

Elijah draps oan his knees. 'Faither God,' he whispers, 'ah'll love ye forever!'

Seein the fire, the folk faw doon oan their faces, murmurin, 'Aye! Aye! God *is* the wan true God.'

An even the prophets o Baal didny escape. They wir seized an pit tae death.

Then Elijah prayed tae God tae send the rains, an soon enough the clouds broke an the rain came peltin doon.

Elijah wis a happy man.

However, the next day, things took a turn for the worse. When Queen Jezebel heard whit had happened tae aw her Baal prophets, she fair lost the heid an swore tae kill Elijah an aw his ain prophets.

Elijah took tae his heels an ran inty the desert until he came tae Mount Sinai. He took shelter in a cave, ready tae settle doon for the night, when he heard God's voice.

'Elijah, whit are ye daein here?'

'Dear God,' says the prophet, 'ah need yer help. Queen Jezebel has murdered aw yer prophets an noo she's efter *ma* bluid – ah'm the only wan left.'

'Na, na!' answers God, 'ye are *not* the only wan in Israel oan my side. There are seeven thoosan folk who still love me an hiv nae time for Baal. Ye've served me weel, Elijah.

'Noo, ah want ye tae hand ower yer work tae Elisha – ye'll find him ploughin in the fields.'

Right there an then, Elijah met up wi the young fermer, an God blessed them baith.

Elija wis an auld man an wis ready tae meet his Maker. His cloak wis destined noo tae rest oan the broad shoulders o Elisha.

ELISHA

The Puir Weedow

IT happened wan day, while visitin wi Elisha, that the wife o a prophet came ower awfy strange an burst oot greetin.

'Maister,' she cried, 'it grieves me tae tell ye … ma husband has jist died … an … weel … ye ken fine he wis a guid man an worshipped the Lord. Noo ah'm in sair trouble, sir ....

'Ye see, ma man wis lent some money, an ah've got nae means tae pey aff the loan. If ah don't gie him his due, the tally-man's gauny take away ma two bairns for slaves.'

Elisha kent fine that he himsel cudny help – bein a prophet disny bring in the pennies.

'I wunner how I can help the lass,' he says quietly tae himsel.

His Almighty Faither gies him the answer an he turns tae the wumman.

'Tell me, dear – whit've ye got left in yer hoose?'

'Jist a wee bit jar o olive oil,' she says.

'Weel then, we're in business!' Elisha says, rubbin his hauns. 'That'll dae jist fine. Noo, I want ye tae caw oan yer neebours an borrow their empties. Then, go back hame wi yer boys, an steek the door. Stert pourin the oil fae the wee jar inty the ither wans. As each is filled, lay it aside.'

The weedow-wumman goes away an does whit she's telt. She fills wan jar efter anither till they're aw fu – an the oil stops flowin.

Then she goes back tae the prophet, burstin wi talk o the miracle.

'The Lord has blessed ye,' says Elisha. 'Noo away an sell yer oil an pey aff yer debt – an ye'll still hiv some left ower for yersel, nae fear.'

Alive again!

THERE wis anither story telt aboot Elisha.
Wan day he wis journeyin tae a place
cawd Shunem, when a well-heeled
wumman o the toon invited him tae her
hoose for a bite tae eat.

When the prophet left the hoose that
day, she says tae her man, 'He's a guid kind
man o God, that Elisha. An he's surely no
a stranger tae us noo. Whit dae ye say we
make a wee extra room here for him
when he's in toon?'

Her man wis willin, right enough, an
in nae time they gied their freen his ain
place, wi a table, chair, an a bed tae rest in
an meditate.

Elisha wis pleased tae hiv his ain wee
study an thought he wid like tae repay
the lady for her kindness. The prophet's
servant, Gehazi, racked his brains an came
up wi the answer.

'She disny hiv a bairn, maister, an her
husband's gettin weel oan in years.'

Elisha smiled. 'Whit a guid idea! Aye!
Ye've excelled yersel, Gehazi!'

So, efter Elisha had feenished prayin,
he sent for the wumman.

'I hiv some guid news for ye,' he says.
'Aboot this time next year, ye'll be haudin
a wean in yer airms – a son.'

The wumman wis taken aback, but
sure enough, the year efter, she gied birth
tae a son – jist as Elisha had telt her.

Wan day, when the boy wis grown up,
he went oot tae see his faither who wis
workin alang wi the reapers in the field.

Suddenly the boy screams oot in pain.

'Faither! Faither! – oh, ma heid! Faither! Aw faither! It's sair!'

'Take the lad straight hame!' the faither shouted.

Hame again, the mither cairried her laddie inty her room an cradled him in her lap. At noon, he died.

Withoot tellin onywan, she took the lifeless body up the stairs, laid it doon gently oan Elisha's bed, an shut the door.

Then she cawd oot tae her man for wan o the servants tae bring her a donkey.

'I'm gaun right away tae see the man o God,' she cried oot. 'I'll be straight back.'

So she sets aff tae find Elisha at Mount Carmel. Spottin her in the distance, the prophet shouts tae his servant, 'See! Ower there! That's the wumman fae Shunem. Run oot tae her an see if she's awright.'

When Gehazi reaches the wumman, she tells him everythin's fine. But it's a different story when she comes face tae face wi Elisha.

'It wis you, ma Lord, that raised ma hopes. Ah telt ye no tae deceive me!'

Elisha caws tae his servant, 'Gehazi, take ma staff! Go wi this wumman an lay ma staff upon the face o the child.'

Gehazi hurries aff. The mither looks long an hard at Elisha, 'I swear tae ye, sir,' she says softly, 'as the Lord lives, I'm no leavin here *withoot* you.'

Elisha grips the wumman's haun. 'We'll stick thegither,' he says. 'Trust me.'

The prophet an the wumman return hame thegither, but afore they get tae the hoose, Gehazi meets up wi them an hauns ower the staff tae Elisha.

'There's nae life in the bairn, maister,' he says quietly.

Right enough, when they get tae the hoose, the lad lies cauld oan the prophet's bed.

Elisha goes inty the room by himsel an slowly shuts the door. Oan his bended knees, he speaks tae his Almighty Faither. Then, stretchin ower the boy, he hauds the boy's hands, pits mooth tae mooth, an eyes tae eyes. Slowly ... very slowly ... the wee body seems tae get warm.

The prophet's hert is thuddin in his breast, an his eyes fill up. A tear drips oan the boy's cheek.

Then Elisha stauns up, takes a lang deep breath, an paces the room.

Movin back ower tae the bed again, he kneels doon an breathes inty the body.

Suddenly there's a wee cough ... then a sneeze ... an anither sneeze ... an anither! An anither! Seeven sneezes in aw! An then – *hallelujah! God be praised!* – the lad's eyes open wide!

Elisha sends for the wumman.

'Here's yer bairn,' he says.

The mither bowed doon at his feet in joyfu thanks. Then she took up her bairn – an cuddled him close.

Naaman is cured

CAPTAIN Naaman, heid o the Syrian army, wis kent as a gey fine sodger. The king o Syria himsel wis weel pleased wi the success o the raids Naaman led ower his borders, attackin the land o Israel.

Naaman wis a hero, chock-fu o pride, but he wis a sad man too – for he wis wan o thae leper folk an there wis nae cure.

Noo, some Syrian sodgers, reivin ower the border, cairried aff an Israelite lass an gied her tae Naaman's wife as a present.

The captain's wife wis kind tae the lassie an she settled doon fine in the hoose.

Wan day, however, she says tae her mistress, 'Ah ken that the captain isny weel, ma lady. Back hame in Israel, there's a braw man o God cawd Elisha – he can perform miracles wi God's blessin. If the maister went tae visit the prophet, ah'm sure he wid cure him o his leprosy.'

Naaman, hearin the news, tells his king aw aboot the miracles cairried oot by this Elisha.

'It's my advice that ye should visit this prophet,' the king agrees. 'Better still, I'll gie ye a letter tae present tae the king o Israel. It'll say, *The man bearin this letter is ma guid servant Naaman. I want him tae be cured o his leprosy ....*'

Naaman then sterts oot for Israel, takin wi him the letter for the king o that country. Alang wi it, he takes presents o silver, ten thoosan shekels o gold, an ten sets o claes tae chinge inty alang the road.

Noo it happens that when the king o Israel reads whit's written in the letter, he loses the heid an sterts tearin at his claes!

'Is that king o yours clean gyte awthegither?' he shouts at Naaman. 'Does he no ken there's no wey *I* can make ye weel! Na, there's somethin mair tae this. It souns kinna like he wants tae pick a fecht! Is that his ploy – tae stert anither oot-an-oot war wi me?'

Elisha then gets tae hear o the visit an sends a message tae the king, sayin, 'Whit's the problem, yer majesty? Send Naaman ower tae me. Gie me a chance tae make him weel an he'll soon ken that we hiv a true prophet o God right here in Israel.'

Hearin this, Naaman aboot-turns an sets aff tae Elisha's hoose in his braw chariot, wi his muckle steeds gallopin at a guid lick.

However, Naaman's gey narked when only Elisha's man appears at the door, sayin, 'The prophet wants *me* tae tell *you* tae dook yersel seeven times in the River Jordan, an that'll make ye weel again.'

'Jist a meenit!' says Naaman. 'Ah thought the man himsel wid come oot here an wave his hauns ower ma leprous bits. But *me* wash *masel* in that clarty puddle ye caw the Jordan?! No wey! Are you tellin me the rivers o Damascus are no jist as guid for me tae wash in?'

An he galloped aff in his chariot alang the riverside, his temper ragin.

His officers ran efter the captain, pleadin wi him, sayin, 'If the prophet had telt ye to dae somethin *hard,* wid ye hiv gien it a try?'

Naaman slowed the chariot doon an glowered back at them.

' … So why no gie this easy thing a chance?' they asked.

Naaman sterts tae laugh. Then he comes doon aff his chariot an dooks himsel seeven times in the river.

Comin oot o the watter, he stares doon

at his body. The leprosy's gone an his skin's saft an clean – jist like the skin o a wean.

Naaman, brimmin ower wi joy, rushes back tae Elisha, shoutin oot tae the prophet, 'Aye, sir! – the God that you worship is *true,* right enough! An ah'm gauny worship him masel fae noo oan!'

DANIEL

Trainin at the Palace

DANIEL wis jist a wee laddie when King Nebuchadnezzar took him hostage fae his hame in Jerusalem. He wis picked oot, alang wi three o his brainy pals, an taken aff tae the coort in Babylon. The fower boys had aw done weel at school an the king wanted tae train them as coonsellors in his palace.

'Pit them in the royal school for three years,' he ordered. 'Gie them jotters an books, teach them oor language, an see that they get the best o food an wine fae ma ain kitchen.'

However, the boys had a problem – they wanted tae stick tae their ain weys an their ain type o food an drink, an had nae hert for aw the rich food they wir offered. So they asked the guard tae gie them jist vegetables an watter for their meals.

The guard said aye, he wis willin tae help. Efter a ten-day trial, they wir mair healthy than aw the rest o the group pit thegither. No only that – they wir tap o the class wi their learnin, an, wi God's blessin, Daniel got first prize for tellin the meanin o dreams o aw kinds.

By the end o three years, the fower boys fae Jerusalem kent mair aboot Babylon than aw the ither wise men o the city pit thegither.

The Forgotten Dream

WAN night King Nebuchadnezzar had a gey wild dream. He jumped oot o bed in a cauld sweat, screamin for aw his wise men, demandin tae ken the meanin o his nightmare.

'Aye … weel,' they murmured, tryin tae keep him sweet, 'jist tell us whit yer dream wis aboot, yer majesty, an we'll mebbe work oot its meanin.'

'Na! na!' said the king, 'ye're no gettin away wi it that easy. I want *you* tae explain *baith* the dream *an* its meanin.'

The wise men wir no *that* wise. 'Whit ye ask, sir, isny possible. The gods cud tell ye, but we're jist flesh an bluid.'

The king then loses the heid wi them an yells for aw his coonsellors tae be pit tae death.

Daniel an his freens wir telt that they wid die alang wi the rest.

Hearin this, Daniel goes tae the king's bodyguard an asks for the hingin tae be held aff for a bit, vowin himsel tae tell the king the meanin o his nightmares.

That night Daniel an his companions get doon oan their bended knees an plead wi their Maker for the sparin o their lives.

God wis listenin an telt Daniel, in a

vision, aboot Nebuchadnezzar's dream.

In the mornin, Daniel wis led inty the palace tae face the wrath o the king.

Leanin forward fae his throne, Nebuchadnezzar waggles his finger at Daniel, sayin, 'Ye're so smart – can *you* tell me aboot ma dream, an whit it aw means?'

'Weel, yer majesty,' Daniel begins, 'there's nae fortune-teller or magic-man in the hale land wise enough tae dae that for ye. But in heaven, there's a God who makes aw things clear, an he has revealed the future. Here is the message that came inty yer heid, sir, as ye lay oan yer bed:

'Ye dreamt ye saw a towerin statue o a man. Its heid wis dazzlin gold. The chest an airms wir silver, wi a brass belly an shanks o iron. The feet wir a mix o iron an clay ....

'Noo then, yer majesty, as ye wir lookin at the statue, a muckle stane broke oot o the mountain above – but naebody had touched the cliff.

'The stane banged inty the feet o the statue, smashin them aw tae smithereens. Then the statue began tae faw apart – the gold, the silver, the brass pieces wir crushed inty dust, an a howlin wind blew them away withoot trace.

'Still an aw, sir, ah must tell ye that the rock that couped the statue grew bigger an bigger till it filled the *hale* earth. An that's when ye sterted oot o yer sleep, yer majesty.'

Daniel is cruisin alang in fine fettle noo an he sterts tae tell the *meanin* o this odd dream:

'Sir, here's whit ye wanted tae ken –

the huge statue stauns for aw the empires o the warld. *You* are the heid o gold, yer majesty. An yer kingdom is great – there's nae doot aboot that. Ither kingdoms will mebbe spring up fae time tae time, but they'll no go oan for ever.

'However, there will come a day when God will pit his ain king here oan the earth. His kingdom – jist like the muckle stane – will become greater than onythin afore, an it will last until the end o time.'

The Giant Statue

NEBUCHADNEZZAR wis gobsmacked that Daniel cud tell him baith aboot his dream *an* the meanin o it. In fact, he wis so impressed that he fell doon upon his face in thanks.

He showered Daniel wi presents. Mair than that – he made him heid man o the hale region o Babylon, an boss o aw the wise men.

Daniel wis happy at the wey things wir turnin oot, but still he had anither thought ....

'By the wey, yer majesty,' says he, 'ah hope ye'll hiv no objection tae me pittin up three o ma worthy freens tae help me in lookin efter yer lands?'

Nebuchadnezzar wis pleased tae gie him the nod – he wis so taken wi the tellin o his dream.

'Aye, as ye wish!' he agreed, puffin oot his chest wi pride. 'Ye ken, I didny think ah wis so important – but dreams, weel, they canny lie. Ah ken I'm a modest kinna ruler, but nanetheless I'll need to dae somethin tae impress the people.'

Still blawin his ain trumpet, he gied orders tae hiv an enormous image o himsel – *ninety feet high* – made oot o pure gold, so that aw the folk cud bow doon afore his likeness.

'An if they're no for me,' he grinned, 'there's aye the furnace for them!'

Then he invites aw the high heid yins o the land tae the unveilin o the statue.

The great day comes an the toon is mobbed wi VIPs fae aw the airts an pairts.

The trumpeters an pipers staun at the ready, an a herald marches oot in front o the magnificent golden king.

'Hear this! Hear this! Wan an aw! When ye hear the band strikin up, ye are commanded by oor great leader tae show yer love for him by bowin doon low in front o this braw new statue!'

At that, the band sterts up. Everywan – weel, everywan except Daniel's three freens – faws flat doon oan the grun facin the idol.

But the three brave lads fae Jerusalem speak oot for theirsels.

'We'll no bow doon tae that statue for onywan! An we're no feart o the furnace – oor God will protect us!'

Fower Men in the Fire

NEBUCHADNEZZAR wis mad at this. 'Stoke that furnace as hot as ye can! Cast these wasters inty the flames!'

Shadrach, Meshach an Abednego are

tied up an the sodgers bundle them inty the furnace. It's so hot doon there that, as the sodgers step back, the flames leap oot an scorch them deid oan the spot.

But the king peys nae heed tae the fuss as he stares wi glee at the fire. 'So they widny bow doon tae me, wid they no?!' he smirks. 'They deserve their paiks.'

But suddenly his face pales wi fear. For the three men wir walkin free in the fire. An, alang wi them, wis a fourth figure – for aw the warld it appeared like an angel o God, smilin at them. The flames wir makin nae marks oan the men fae Jerusalem.

The king wis aghast!

'Shadrach! Meshach! Abednego! Servants o the maist high God!' he yelled. 'I order ye tae come oot o that furnace!'

The three Jews stepped oot … their coats in wan piece … nae smell o smoke hingin aroon them … no even a hair oan their heids singed!

Nebuchadnezzar wis mortified – an wi guid cause.

'Hear this,' he shouts tae aw the folk gawpin roon aboot. 'Blessed be the God o these three men. For sure, no ither god cud make such a miracle happen. Let nane o ye speak wan word against them, or else I'll hing the culprits an ding doon their hooses inty dung-hills!'

The king then gies oor three heroes mair important jobs in the palace – an ups their pey-pokes as weel!

The Mysterious Haun

EFTER some years, Nebuchadnezzar passes oan, an young Belshazzar is made the new King o Babylon.

Wan night he throws a great binge in the palace for a thoosan o his lords, for aw his wives – an his concubines an aw.

Weel, as ye can imagine, the bevvy is flowin freely an the party in fu swing when Belshazzar shouts oot, 'Bring me the golden cups taken fae the temple o the Jews. We'll drink a toast tae oor ain gods the night.'

By the time the cups arrive, the guests are *miraculous!*

'Here's tae the guid gods o stane, iron an brass!' goes the toast.

The hale mob screeches wi laughter.

But suddenly, every single wan o the revellers goes quiet, their eyes riveted tae the wall ower the king's caunlesticks. A human haun appears oot o thin air an sterts tae write oan the wall.

Belshazzar's trimmlin wi fear – his knees knockin thegither.

'Bring oot the astrologers!' he yells. 'The first wan tae get tae the bottom o this writin will be richly rewarded.'

But nane o the wise men ken the meanin o the words.

Then the queen mither minds how Daniel read the dream o Nebuchadnezzar.

'Send for Daniel, the Jew,' she whispers tae the young king. 'He's yer man!'

So Daniel wis brought in an telt tae sit doon.

'They say you can solve every kinna

mystery,' Belshazzar cried. 'Weel cast yer eyes oan the writin above thae caunlesticks. Tell me its meanin an I'll gie ye a purple jaiket an a gold chain in return … aye, an mebbe I'll make ye prime meenister as weel. Whit dae ye say tae that, then?'

'I'll gie ye a meanin,' says Daniel, 'but ye can keep yer prizes – they're no for me. As for the writin, weel I hiv tae warn yer majesty, ye're no gauny like whit ah've got tae say.

'Sir, look close at the words oan the wall. *Mene, Mene, Tekel, Parsin* mean *number, weight* an *division*. *Number* means jist that – "Yer number's up!" *Weight* means that God has fund ye oot tae be a bit lightweight, accordin tae his rules. *Division* means that yer land will be split an gien tae the Medes an Persians. Ye see, yer majesty – ye let doon the wan true God when ye drank fae the sacred cups taken from his temple.'

In spite o Daniel's dismal forecast, Belshazzar wis as guid as his word. Soon Prime Meenister Daniel wis collectin his purple jaiket, as weel as his golden chain! However – that very night Belshazzar wis slain, an Darius the Mede sat upon the throne.

The Plot against Daniel

KING Darius created three presidents tae rule his kingdom an Daniel wis gien wan o thae plum jobs. He wis loyal an honest tae the king, but at the same time steyed true tae his ain God. He never forgot tae pray three times a day.

However, the ither leaders wir jealous o Daniel an wanted him cast aside, so they asked the king tae make a new law.

'Jist sign here oan the dotted line, yer majesty, if ye please,' says the ringleader. 'An here's how the decree reads, sir – *For thirty days naebody shall make requests tae ony God, or man, ither than King Darius. Ony wan brekin this law will be thrown tae the lions.'*

The king signs the order – an Daniel's enemies are rubbin their hauns in glee that the trap's set.

Daniel kent aboot the decree, but it didny trouble him – he cairried oan prayin tae his Maker three times a day. Nae decree wid stop him.

Meanwhile, the leaders clyped tae the king aboot Daniel brekin the law, an demanded he be sorted oot for it.

By that time, Darius kent full weel he'd been tricked. He wis gey fond o Daniel, but he had nae choice. Sadly he gied oot the order – Daniel wis tae be cast inty the lions' den.

It near broke the king's hert.

'I ken ye've been true tae yer ain God, Daniel,' he cried. 'Mebbe he'll see fit tae protect ye.'

Daniel wis lowered doon inty the pit an a big stane wis set ower the tap.

The king wis sair vexed. He had nae stomach for supper that evenin an gied his players an musicians the night aff.

In bed, he tossed an tummled. In the mornin, he ran like mad tae the lions' pit,

his servants followin in his wake. As the
big stane wis lifted, Darius shouted doon
inty the smelly darkness.

'*Daniel! Hullo! Are ye still there?* Did yer
God protect ye fae the lions?'

'Let the king live for ever!' a voice fae
the darkness hollered up. It wis Daniel
safe an sound. 'God sent his angel tae shut
the mooths o the beasts. He kens I'm no
guilty – I've done nae wrang in your eyes,
yer majesty.'

Weel, tae be sure, Darius is ower the
moon wi joy. Right there an then, he
makes a new law – 'Let everywan bow
doon afore the God o Daniel. For certain,
he is the wan an only true God.'

The king then gies orders for Daniel's
accusers tae be thrown tae the lions. An
this time, the kings o the jungle wir
hungry for their meal.

NEHEMIAH

MY name is Nehemiah. Ma faither wis
Hacaliah. Ah'm a Jew, by the wey – folk
who come fae Judah are cawd Jews.

Ye ken, ah've got a guid job, workin
in the royal palace o Emperor Artaxerxes.
Ah'm the wine-steward attached tae the
royal kitchen … but, listen, ah'll come
back tae that in a wee meenit.

Ah want tae tell ye aboot the day a
kinsmen o mine gied me news that nearly
broke ma hert. First things first – let me
gie ye a bit o history.

It wis aboot seeventy years ago when
King Nebuchadnezzar snatched the first

load o captives fae Jerusalem an took them tae Babylon. When Cyrus became King o the Persian Empire, he wanted nae hassle an gied oot a decree that aw the exiles in his territory cud go back tae their hame toons. Ye see, the prophets Jeremiah an Ezekiel had aye said that wan day they wid return tae the promised land … an God had kept his promise.

King Cyrus said tae the exiles, 'Return tae Jerusalem an stert re-buildin yer temple.' He even haunded them back some o the treasures that Nebuchadnezzar had looted fae the temple. No bad, eh?

Nanetheless, there wir mony Jews left here in Babylonia an ah wis wan o them.

As ah wis sayin, I've got a brilliant job. Ye see, every day ah hiv tae check the king's wine jist tae make sure that it isny poisoned. He kens that he can trust me.

Anyway, wan day a friend came back fae Jerusalem an telt me that things there wir in a bad wey. There wir nae city gates. There wis rubble everywhaur, an the walls wir still broken doon.

When ma friend left, ah wis greetin sair.

'Dear God,' ah prayed, 'forgie us for bein sinners. An Lord – ah want tae speak tae the Emperor. Let it be that he'll gie me a hearin.'

Ah prayed for fower months an wan night ah saw ma chance. The Emperor wis in his winter palace at Susa wi his bonny queen sittin at his side. He cud see ma sad face an asked whit the problem wis.

'Aw yer majesty,' says I, 'ah've jist got word that Jerusalem is still in a bad wey.

Ah want tae ask ye tae let me hiv some leave tae go back an re-build the city. Ma face may be sad, but ma hert is even sairer for Jerusalem. Let the king live for ever!'

The queen gied me a wink, an she nodded tae her man.

'How lang will ye be away?' says he.

Ah gied him a time an he gied me leave tae go. He even gied me a travel pass an a letter for the keeper o the king's forest, so he'd gie me timber tae make beams for the city walls. The Lord's haun wis restin oan ma heid, so it wis.

Efter arrivin in Jerusalem, ah waited for three days. Wan night, when everywan wis asleep, ah got oan ma donkey, an alang wi a few men we inspected the broken doon walls. We checked the Fountain Gate, the King's Pool, an the Valley Gate. The hale place wis in ruins.

The next day ah telt the leaders how oor God had answered ma prayers.

Everywan took new hert an sterted tae build. Each wee group got wan bit o the wall tae work oan. The priests, the nobles, the goldsmiths, an aw the faimilies, wir fair caught up in the excitement.

Nanetheless, when Sanballat, the high heid yin at Samaria, an his side-kick Tobiah, saw whit wis gaun oan, they wirny happy an sterted tae plot against me.

From then oan, hauf ma men worked oan the walls, while the ither hauf stood guard, bows an arras at the ready. An ah had a trumpeter oan staunby tae sound a warnin.

We worked fae dawn until the stars

came oot at night. Naebody shed their claes, an we slept clutchin oor swords. An, when the wall wis feenished, we used the big timbers tae make new gates.

Finally oor beloved city wis safe an ready for bringin the folk back. A parade wis set up, an the cymbal-bangers gied it laldy. Everywan wis singin praises tae the Lord. Then we had a feast wi lamb, roast beef an barley breid. Hallelujah!

Ah left the city an made ma wey back tae Babylon, tae gie thanks tae ma beloved maister, King Artaxerxes. Hallelujah, right enough!!

Ah wis the happiest man oan God's earth!

ESTHER

THE trouble aw sterted when Queen Vashti had the cheek tae tell the king she wisny comin tae his party! The booze wis flowin gey freely an maist o the guests – the king an aw – wir fu, *mighty fu!*

'See me?!' cries the ruler. 'I've got wives galore! But the night – tae please ye aw – I'll bring oot ma favourite – aye, the queen. Man, it's a pleasure tae show aff her beauty.'

The king – Xerxes he wis cawd – wis power-mad. He wis the Emperor o Persia, efter aw, rulin ower a hunner an twenty-seeven provinces stretchin fae India tae Ethiopia. For six months he'd been flauntin the riches o his Empire an, tae top it aw, this party o his wis tae be a shindig tae mind o for years tae come.

Queen Vashti wis enjoyin a quiet wee party o her ain in her harem, when she hears the king screamin tae the eunuchs, 'Bring her oot! An make sure an take aff the veil! Ye can *aw* gaze oan her face.'

Weel! Wid ye credit this? Her majesty wisny aboot tae make an appearance oan thae terms!

Talk aboot a rid face! The king wis furious. He cudny thole such an insult.

He cawd ower his lawyers.

'Accordin tae the law,' he says tae them, 'whit can we dae tae get back at the queen for this act o defiance?'

'Weel, we suggest, yer majesty,' says the heid lawyer, 'that ye get rid o Queen Vashti oot o sight awthegither. If she gets away wi this, aw the weemen in the land will follow suit. We suggest, sir, that ye haud a beauty competition. We'll seek oot aw the bonniest virgins in the land an bring them here tae the palace. Then ye can choose for yersel a new queen instead o Vashti.'

Efter eyein up a long line o talent, haun-picked fae aw the airts an pairts, the king picks oot a lass cawd Esther.

She wis the comeliest o them aw an the queen's croon wis set upon her heid.

Noo, Esther had nae faither or mither. She had been raised in the Jewish weys by Mordecai, a man o that faith workin in the king's palace.

He warned the lass no tae let oan tae the king that she wis Jewish.

Wan day, Mordecai owerhears that two o the coort's eunuchs are plottin tae pit doon the king. Mordecai tells Esther …

Esther tells the king ... an the plotters are soon hingin fae the gallows.

Mordecai's name is entered inty the palace diary for savin the king's life.

Noo it happens that, soon efter that time, the king promotes a man cawd Haman tae be his new prime meenister.

Haman's a cruel, big-heidit bloke, demandin that everywan must bow doon tae him as he passes by.

But Mordecai refuses. 'Gie homage tae *him!?*' says he. 'Na, ah'll no dae that.'

When Haman is telt aboot Mordecai's big mooth, he sets oot tae punish him. But no jist Mordecai, for Haman's lookin for an excuse tae crush the *hale* race o Jews throughoot the Empire.

Haman goes tae the king.

'Yer majesty,' says he, 'I hear there's a race o folk in yer land – they're cried Jews. An I hiv tae tell ye that they're no obeyin yer laws. Noo, just gie me the nod an ah'll hiv them aw written aff – an ah'll pit a load o silver inty yer treasury, tae boot.'

'Keep the money,' says the king. 'Jist dae whit ye want wi thae folk – whitever ye think fit.'

Haman then makes oot a law sayin that oan a fixed day, every Jew in the land wid be killed. Any gear belangin tae them wid go tae the folk that cairry oot the killin.

Mordecai an the Jews stert tae fast. They weep an wail, an pit theirsels inty mournin.

'We've only got the wan hope,' says Mordecai in despair. 'We'll hiv tae ask

Esther tae plead wi the king tae save oor lives.'

Esther wis keen tae help, but the plan wisny jist as easy as Mordecai thought. For naebody – but *naebody* – wis allowed inty the inner coort, unless the king wis haudin oot his golden sceptre.

'Ye ken I'll be pit tae death if I go tae the king withoot his say!' cries Esther. 'No jist that – but it's been a *month* since I've been oan ma own wi him. Mebbe *I'm* oot o favour.'

'Naebody else but *you* can save oor people, Esther!' begs Mordecai. 'Ye *must* go tae the king! We'll aw pray for ye.'

Esther's gey feart, but she decides tae pit her life at stake an trust in the Lord. Efter three days, she pits oan her royal claes an, wi her hert thumpin in her breast, she walks slowly inty the royal hall.

The king smiles. He's gled tae see her. She's lookin gey bonny. 'I wunner why I hivny sent for her these past few weeks,' he thinks tae himsel.

'Whit is it ye want, ma dear wife?' asks the king.

'If it pleases ye, sir,' says Esther, 'will you, an Haman, have dinner wi me the night?'

The king agrees, an durin the meal that night he says tae Esther, 'Is there onythin ye wid like fae me? Say the word an it's yours. Ye can even hiv hauf o ma hale Empire, if ye so desire it!'

'Oh, please … if yer majesty loves me,' says Esther aw in a rush, 'an ye want tae gie me ma wish … weel, come again tae ma room for dinner the *morn's* night.

Bring Haman as weel, an ye'll ken then ma request.'

Needless to say, Haman is chuffed at bein asked oot wi the King an Queen Esther, but his mood soon chinges as he leaves the palace. For who's staunin at the gate, but Mordecai. An, as usual, he jist willny bow doon tae Haman.

Arrivin hame, Haman rants oan an oan aboot it tae his wife.

'Why no build a gallows an hing the Jew?' says Haman's wife. 'Ye can get the king's say-so when ye meet him the morn.'

Haman loses nae time an orders a gallows tae be fixed up.

That night the king cudny settle doon tae sleep. He wis tossin an turnin in his bed. Suddenly he sat up an ordered his chief eunuch tae bring the palace diary tae his room.

Turnin ower the pages, he comes across the bit aboot Mordecai an how he saved the king fae bein murdered.

'D'ye ken if we ever gied Mordecai some reward for his guid deed?' asks the king.

'Sir, nuthin's been done that ah ken aboot .... ,' says the eunuch.

Noo, aw this time, Haman's waitin impatiently tae see the king, hopin tae get the nod tae hing Mordecai oan the gallows he's buildin.

'Who's oan duty in the coort?' cries the king.

A courtier replies, 'Haman's waitin here, yer majesty.'

'Weel, dinny jist staun there – bring him in!' orders the king.

When Haman enters, the king says,
'I've been thinkin – whit kinna reward
should I gie tae ony man deservin honour
fae his king?'

'He must mean me!' Haman thinks tae
himsel. 'Who else wid he want tae honour
mair than me?'

'Weel, if ah wir you, ah'd bring oot
some o the royal claes, sir,' Haman says.
'Some ye've worn yersel, of course. Aye,
an then ye should bring oot yer ain horse.
Tell wan o your heid men tae dress the
man in question an lead him oan horse-
back through the toon shoutin, *This is whit
happens tae the man rewarded by the king!*'

'I'm impressed,' says the king tae
Haman. 'Right then, take these robes o
mine, an ma horse, an dae jist as ye've said
… tae *Mordecai,* the Jew! Every wee bit o
it, mind – doon tae the last detail.'

Haman is shattered tae the core. But
he does as he's telt by the king.

He leads the procession wi Mordecai
oan horseback, shoutin, *'The king orders ye
aw tae gie praise tae Mordecai!'*

Efterwards, when things get back tae
normal, Mordecai returns tae his work an
Haman goes hame wi his tail between his
legs, prayin naebody sees him.

As he's tellin his wife aboot the fuss,
the king's eunuch arrives tae take him tae
dinner wi Queen Esther.

Durin the meal, the king speaks tae
Esther. 'Tell me whit's oan yer mind, lass?
Whit can I dae for ye?'

Esther opens the floodgates an pleads
wi the king.

'Ah jist ask for ma life tae be spared,

yer majesty, an the lives o ma kinsfolk as weel. We've aw been condemned tae die.'

'Whit oan earth are ye bletherin aboot?' says the king. '*Who* wid dare tae lay a finger oan ye?'

'Him that's staunin beside ye, ma lord,' cries Esther. 'Vile Haman!'

The king canny believe whit he's hearin! He jumps up, beelin mad, an goes oot tae the garden, pacin up an doon.

Esther sits doon oan her couch. Haman, aghast at the turn o events, drops doon beside her, beggin for mercy.

Comin in fae the garden, the king roars oot, '*Na! na! Crawler! Scum!* Wid ye rape the queen afore ma very eyes?!'

Withoot waitin for orders, the heid eunuch pits the death veil ower Haman's face, an tells the king, 'D'ye ken he's had a gibbet built at his hoose, sir – jist so he cud hae Mordecai hung .... '

The king wis dumfoonert.

' ... aye, sir, Mordecai – the same man that saved yer life.'

'Weel, hing *Haman* oan it!' orders the king.

An sure enough, Haman himsel wis hung oan the gibbet o his ain makin.

When the king's temper cooled doon, Esther pleaded wi him tae chinge his order for the death o the Jews.

'Ye can add oan yer ain wish tae ma law,' agreed the king, 'an I'll add my royal seal tae the order, right away.'

So Mordecai made oot an order tae gie the Jews the right tae defend theirsels. Oan the day set for the attack, the Jews, in their turn, crushed aw their enemies.

Aw these facts are written doon in
the records. Esther's courage will aye be
minded.

JOB

THERE wis a gey rich man livin in the
land o Uz. His name wis Job. Tae say that
he wis rich is pittin it mildly, for he wis
the maist well-heeled man in the *hale*
land – a kinna entrepreneur o his time.
This man owned seeven thoosan sheep,
three thoosan camels, five hunner yoke o
oxen, an five hunner female donkeys. He
had mony servants oan his pey-roll.

Noo Job wis a guid man an enjoyed
peace o mind. He loved his Maker an
steered clear o evil deeds. He had a big
faimily – seeven sons an three lassies in aw
– an he prayed every day tae the Lord,
askin that they wid lead a pure life.

Wan day, when the heavenly angels
wir reportin tae the Lord, who turns up
wi them but Satan himsel!

'Whaur hiv ye sprung fae?' says the
Lord.

'Who … *me?*' says Satan. 'Weel, ah've
been checkin up oan some o the folk
doonstairs. Jist to-in an fro-in, ye ken. Aye
… jist floatin up an doon a bit.'

'By any chance,' says the Lord, 'did ye
cast yer evil eye oan my servant Job? For
there's a guid man … the finest in aw
the earth. I ken he'll hiv nae truck wi
you!'

'Aye … so be it,' says Satan, 'but that's
jist cos you look efter him an aw his gear.

See how stinkin rich he is? Nae wunner he stauns by ye.

'But, ah'll tell ye this – if things sterted tae go wrang for Job, it wid be a different kettle o fish. Aye, jist you stretch oot yer haun, take away aw that he owns – an he'll curse ye tae yer face!'

Says God tae Satan, 'Weel, dae whit ye like wi aw that Job owns, but as for Job himsel, dinny hurt the man!'

Satan went aff to dae his worst. An, very soon, there wis a hale lot o bad news for Job.

A servant came rinnin in, fair oot o pech, tae tell him that reivers had made aff wi his oxen an donkeys.

Anither wan ran in tae tell him the sorry news that lightnin had killed his sheep, alang wi aw the shepherds.

Then a third servant ran in tae say that aw his camels had been stolen.

But worst of aw – a servant screamed tae him, 'Maister Job! Oh, *maister!* A mighty storm has blown doon the hoose whaur yer faimily wir feastin. Aw yer sons an daughters hiv been killed …. '

Puir Job wis desolate wi grief. He tore his claes, shaved his heid, an fell doon oan the grun afore God.

But still Job didny blame God for his calamities. 'Everythin ah ever had wis gien tae me by God,' he said. 'He's taken it aw away, but ah'll still gie him praise.'

Wance again there came a day when the angels wir reportin tae God. Satan sidled up amang them. The Lord picked him oot, 'Weel then, evil wan, whit dae ye hiv tae say *noo* aboot ma servant Job?

I told ye, he can withstaun ony test.'

'Aye, that's whit *you* say,' Satan sneers. 'A man'll gie up onythin tae save his ain skin. But jist you herm his body wi sickness an see whit'll happen.'

'I'll gie Job inty your power, then,' says God. 'But mind the rule – ye're *no* tae kill the man.'

Satan smirked tae himsel. 'Ah ken how tae deal wi Job noo.'

So he strikes doon Job's body wi ugly plooks an biles fae heid tae fit. Whit a state the man wis in!

'It's aw the faut o your God,' moaned Job's wife.

But still Job disny complain. 'Ye ken when God gies us guid things, we're gled o it,' he says. 'So, when he gies us trouble, we jist hiv tae thole it.'

It wis then that three o Job's pals came alang tae visit him. They tried tae gie him comfort an sat doon wi him for days oan end.

'Ye must hiv been a gey sinfu man, surely,' they say tae Job, 'for God tae strike ye doon wi this terrible blight. D'ye no think ye should be gettin right doon oan yer knees, Job, an askin God tae forgie ye for aw yer sins?'

'Haud yer wheesht!' says Job. 'Ah thought ye might gie me some help, but ye're a fat lot o comfort.'

Job kent in his hert that he loved God, but nanetheless he judged himsel no guilty of ony kinna sin. But by noo he wis a gey miserable cratur an his temper wis wearin thin. He even screamed oot tae the Lord in his anger, yellin, 'Aw God, ye're *cruel* tae me! Ah'm callin oot tae ye, an ye're no even answerin!'

An onlooker, Elihu, wis jist champin at the bit tae gie Job some o his advice.

'Hear me, Job,' he says. 'Ah'm a bit younger than yer three freens, but, like them, ah want tae say ma piece. Ah hear ye've been bawlin oot yer bile tae the Lord aboot the matter o sinnin. Ye've even had the gall tae lose the heid wi yer Maker in yer anger. Man, ye've a high opeenion o yersel!

'Weel, understaun this, Job! God hears ye fine, make nae mistake aboot that, but the Almighty will answer ye in his ain guid time – an no in yours!'

Fae the darkness o the whirlwind
God made his answer plain:
'Wha is this that darkens counsel
Speakin things he disna ken?

'Come, quit ye like a man, O Job,
And listen now to me;
And answer if ye ken, O Job,
What I will speir at thee.

'Whar were ye when I made the earth
And laid its cornerstane?
Wha measured oot its bounds, O Job?
Come, tell me if ye ken;

'Have the gates o death been shown to you,
The vera gates o hell?
Have ye seen earth's vast expanses,
And measured them yoursel?

'Can ye trace the splendid paths o licht?
And whar daes darkness hide?
Can ye tak them to their places?
Div you ken whar they bide?

'Have ye seen the treasures o the snaw,
Or the storehoose o the hail?
My weapons for the time o war;
I fling them on the gale.

'Wha maks the storms and thunder
That brings the livin rain
To soak a parched and desert land,
And gars it bloom again?

'When the lion cubs are hungry
And the ravens cry for maet,
Wha feeds them in the desert
And brings them prey to aet?

'Gave you the war-horse strength, O Job,
And thunder in his mane?
He paws the grun and snorts the air,
His een like coals o flame.

'He charges to the battle
And lauchs at death and fear;
The quiver rattles at his side,
The shield and glitterin spear.

'He lifts his noble heid and smells
The battle fae afar.
He lauchs to hear the trumpet-blast,
The shouts and noise o war.

'The eagle seeks the mountain crag
And builds her nest on high;
She mounts and soars into the sun:
Can you direct her wye?'

Then Job made God his answer:
'Naething, Lord, is hid fae thee.
I hae spoken withoot knowledge,
Things too wonderful for me.

'Fae far awa I heard ye, Lord.
But now my een hae seen
Your glory, I despise mysel,
An repent o what I've deen.'

God himsel then spoke tae Job's three freens. 'Ye didny gie an honest picture o me tae ma servant Job, but nanetheless Job will forgie ye. That's his wey.'

The three freens wir weel an truly pit in their place an they made their peace wi Job. Wi joy renewed in his hert, Job offered a prayer for them.

Noo, jist listen tae this! The guid Lord decided tae bless Job wi his favour wance again. He gied him back his riches … his joy … an his peace o mind.

An tae cap it aw, he even gied him seeven mair sons an three bonny lassies, the fairest in aw the land.

Efter aw this, Job lived for anither wan hunner an forty years, an died a weel contented auld man … aye, a guid sowl.

JONAH

WAN day God spoke tae the prophet Jonah, sayin, 'Son, I'm sendin ye aff tae Nineveh. I'm no happy wi the folk o that city. Their evil deeds reek tae high heaven. I want you, Jonah, tae pit the hems oan them. Aye, ye're jist the wee man tae sort them oot – the hale jing-bang! Away wi ye. I gie ye ma blessin.'

Jonah, a wee bit shaken, says tae the Lord, 'Oh, aye … eh, right then, Faither. Aye … I'll jist get sterted the noo.'

But tae himsel, he says, 'Na, haud oan a meenit. *Whaur* did God say ah wis tae go? *Nineveh?* Tae that cruel tribe o wasters? Ah must hiv been aff ma heid tae agree tae that! There's no wey ah'm gaun there. Ah'm too feart, so ah am!'

So Jonah gets himsel tae the nearest port an jumps aboard a ship bound for sunny Spain – hunners o miles away fae Nineveh … in the ither direction!

Weel, it wisny lang afore a furious storm whipped up an the ship wis fair churnin oan the ragin watter.

The crew wir oot o their minds wi fear an sterted prayin tae their gods.

Meantime Jonah wis snorin away, nae bother, doon in the dunny o the boat.

The skipper gied him a nifty kick. 'You! Yer nap's ower! Get up oan deck an spout some o yer prayers tae yer God.'

Meanwhile the sailors wir pullin straws tae find oot who wis tae blame for the storm. Who got the short straw? Oor Jonah!

The crew glowered at him, 'Aw haw! So whit's yer ploy, feckless loun? Tell us yer name an whaur ye come fae.'

'Look, ah'm real sorry lads, honest … I suppose ah've got a wee confession tae make – the storm's aw *ma* faut. Ye see, ah worship the Lord God o Heaven, the wan who made the land an the seas. An me? Weel, ah'm a kinna prophet, by the wey.

Ah wis telt by God, ma Faither, tae go oan a journey. But ah wis too feart. So, ye see – ah'm runnin away!'

'Man, is that no terrible?' cry the sailors. 'Noo whit should we dae wi ye?'

Jonah burst oot greetin. 'There's jist wan thing ye can do ... get rid o me ... chuck me ower the side. If ye dae that, the sea'll calm doon ... ah *swear* it!'

So the sailors grab the prophet, gie him a couple o swings, an, ower his wilkies, doon inty the deep he goes. His heid bobs up an doon for a bit, then vanishes.

The sea goes deid calm.

Puir Jonah! His chest's fu o watter, his heid's explodin. His hale life flashes afore him ... an then ... *snap* ... *sploosh* ... *whoosh* ... oor Jonah isny in the sea ony mair ... he's no droonin ... he's still *alive,* but noo he's wallowin inside the belly o a freendly muckle whaal.

'Hallelujah!' screams Jonah. 'But, aw jings! *whit* a pong!'

Then Jonah minded himsel an got doon oan his knees inside the big fish.

'Lord, ma God, ah gie ye thanks for savin ma life. Ah don't deserve it – ye ken fine ah'm a sinner. But Faither, even if I hiv tae die, ah gie ye ma praise.'

The Lord looked doon upon his man. 'I'll gie the prophet anither chance,' he says. 'Right then big fish – cough up!'

There an then, Jonah wis spewed up onty the beach. He cudny believe his luck.

God then gied his orders for the second time. 'Listen, Jonah ... mind whit ah said – I want ye to report tae Nineveh.'

Weel, takin nae mair chances, Jonah

went straight tae Nineveh an preached tae the folk.

Aw the folk listened tae the prophet – the king an aw – an, hallelujah! they decided tae chinge fae their evil weys.

God wis gey pleased wi the ootcome an forgied them. He didny really want tae destroy Nineveh onywey.

But the story disny end there. Wid ye believe it? – Jonah sterts tae sulk like a spoilt wean.

'This is jist whit ah thought ye wid dae!' wails Jonah tae God. 'Ah jist kent for sure that ye'd let thae cruel folk aff the hook. Jings, ah'm no pleased at aw. In fact, ah wish I wis deid …. '

So Jonah trudged oot o the city an sat himsel doon oan the grun tae see whit wid happen. It wis a gey hot day an he felt fair wabbit.

God then caused a leafy plant tae spring up an shade Jonah fae the sun. The prophet cooled doon a bit. Then a wee worm nibbled away at the plant an it fell tae the grun.

At dawn God sent forth a blisterin easterly wind. Puir Jonah, swelterin fae the heat o it, wished he *wir* deid – an he said so.

But God wis havin nane o it. 'Whit right hiv ye tae be annoyed aboot the plant?'

Jonah lost his grip awthegither at this an sterted cursin the shilpit leaves o the plant. He wis cuttin a pathetic figure an nae mistake!

God looked doon at his servant.

'Jonah,' he says, 'even though ye didny

tend tae it, ye're feelin sorry for a plant
that wis here the day an gone the morn.

'Think aboot this, ma man – whit
aboot the folk o Nineveh? As weel as aw
their coos, there are a hunner an twinty
thoosan o them in that muckle city. Puir
sowls – they canny tell their right haun
fae their left! Should ah no take mair
pity oan them?'

A
GLASGOW
BIBLE

The
NEW
TESTAMENT

THE
FORETELLIN O JOHN

WHEN Herod wis the King o Judea, there
wis this priest – Zacharias – who wis
married tae a wumman cawd Elizabeth.
They wir a guid-livin pair, the baith o
them, but they hudny ony bairns an wir
weel oan in years.

An so it wis that wan day, when
Zacharias wis workin in the Temple, it
became his honour tae take the incense
inty the Temple, while aw the people wir
ootside prayin.

Noo it happened that, all o a sudden,
an Angel o the Lord appeared. Jist like
that! There he wis, staunin oan the right-
haun side o the altar. Weel, it gied
Zacharias a right fright, ah can tell ye.

The Angel said tae him, 'Listen, don't
be feart Zacharias. I'm here tae tell ye
that God has heard yer prayer. Yer wife
Elizabeth is gaun tae bear ye a son. Ye're
tae caw the wean – John. The baith o ye
will be fair delighted when he's born an
aw the folk will be happy alang wi ye.
John'll come tae be a great man, fu o the
power o the Holy Spirit, an will caw aw
the folk tae turn back tae God.'

Then Zacharias says tae the Angel, he
says, 'Naw, this isny possible! Ah'm an auld
man noo an ma wife is gettin weel oan in
years.'

The Angel replies, 'I am Gabriel who
stauns afore God. I've been sent here tae
gie ye this bit o guid news. So jist listen,
will ye! Because ye didny believe what

I've telt ye, I'm gauny strike ye dumb till
the time the wean is born. Be sure that
all I've said will come tae pass.' Wi that,
the Angel disappeared.

Meanwhile the folk ootside wir waitin
for Zacharias. 'Whit cud've happened tae
him?' they said tae themselves. 'Whit's
keepin him so lang in the Temple?'

When Zacharias appeared, sure enough
he cudny speak. No wan word! The folk
kent he must've seen some sort o vision
in the Temple. Puir Zacharias, he stertit
makin signs tae them, but still he cudny
speak.

An so, when his workin days in the
Temple wir feenished, Zacharias went
away hame tae his ain hoose.

Soon efterwards, Elizabeth took wi
bairn – jist as the Angel had said – an it
wis five months afore she wis seen again.

THE
FORETELLIN O JESUS

SIX months efter speakin tae Zacharias,
the Angel Gabriel wis sent fae God again
tae a wee place in Galilee – Nazareth it
wis cawd. Gabriel had a message for a
lassie, a virgin, who wis engaged tae a man
cawd Joseph. The lassie's name wis Mary.

The Angel said tae her, 'Joy be wi ye,
Mary. Blessed are ye amang weemen.'

Mary wis feart an wunnered whit it
wis aw aboot, but the Angel said, 'Don't
be feart, Mary, for ye hiv fund favour wi
God. Listen! Ye will conceive an bear a
son an ye're tae caw him Jesus. He will

be a great man, the Son o the Maist High. The Lord will gie him the throne o his fore-faither David. He will reign ower the Hoose o Jacob forever. There will be no end tae his kingdom.'

Mary wis confused, 'How cud this come aboot,' she said, 'for ah huvny a man, ye see?'

The Angel replied, 'The Holy Spirit will come upon ye, an God's power will rest oan ye. Yer bairn will be God's ain Son. Ye mind yer cousin Elizabeth, her that cudny hiv a faimily? Weel, she hersel is gaun tae hiv a wean, even in her auld age! Wi God, ye see, nuthin is impossible.'

Mary believed that it wis true an said, 'I noo belang tae the Lord. Jist let it be as ye say.'

An the Angel went away fae her.

MARY VISITS ELIZABETH

NO long efter that, Mary hurried aff tae the hill country o Judea, tae the place whaur Zacharias lived. She went tae caw oan her cousin Elizabeth.

When Elizabeth heard Mary's voice, the wean inside her stirred an she hersel wis filled wi the Holy Spirit. She cried oot, 'Mary! Oh, blessed are ye amang weemen, an blessed is that bairn ye will bear. Who am I that the mither o the Lord should come tae me? Ye are blessed, Mary, for ye believed in God's Promise!'

Mary steyed wi Elizabeth for three months afore she went aff hame again.

THE BIRTH O JOHN THE BAPTIST

WHEN the time came, Elizabeth gied birth tae a wee boy. When her freens an relatives heard aboot God's kindness tae her, they wir aw fair chuffed.

A week efter, when it came time tae hiv the wean named, they wir gauny caw him Zacharias, jist like his faither. But Elizabeth telt them, 'Na, he's tae be cawd John!'

'Aye, but nane o yer faimily's cawd John,' they said.

Then they asked dumb Zacharias, the faither, whit name he wid pick for the boy. Zacharias wrote doon his answer: 'He will be cawd John.' Right there an then his mooth wis opened an he began tae talk, praisin God!

The neebours wir aw staggered at this an the story wis the crack o the hale o Judea. 'Whit kinna boy is this gauny be?' they wir sayin, for it wis obvious that the Lord's blessin wis restin oan him.

THE BIRTH O JESUS

IN the time o Caesar Augustus, the Romans ordered a census tae be cairried oot ower the hale country. This happened when Cyrenius wis the heid man o Syria. So aw the folk went tae be registered, each wan tae his ain toon.

Noo there wis this joiner – Joseph wis

his name – livin in Nazareth in Galilee. He'd heard that everywan had tae report, an check that his name wis oan the electoral roll. So he made his wey tae Bethlehem, the birthplace o his ancestor, King David, alang wi Mary his future wife.

Mary wis expectin her bairn an her time wis nearly due. When they arrived in Bethlehem, there wis nae place for them in ony o the inns. But wan o the inn-keepers, takin pity oan them, let them stey in his stable. Durin the night, Mary gied birth tae a wee boy.

Meantime, that very night, there wir some shepherds livin oot in the fields nearby, keepin an eye ower their sheep. Suddenly an Angel o the Lord appeared tae them an the night sky wis fair lit up! The shepherds wir aw gobsmacked, but the Angel says tae them, 'Don't be feart, for I bring ye guid news – guid news for the hale warld. This very night, in David's toon, Bethlehem, a Saviour has been born. He is Christ the Lord! Ye will find the wean aw wrapped up, lyin in a stable trough.'

At wance, the hale sky wis festooned wi angels, praisin God, sayin, 'Glory tae God in the highest, peace oan earth, guid-will tae aw men!'

When the angels went back inty Heaven, the shepherds looked at wan anither an yelled, 'C'mon! We'll away doon tae Bethlehem an see whit's happenin!' So they went, hurryin aw the wey. Right enough, there they fund Joseph an Mary – an the wee wean, lyin snug in the feedin trough.

The shepherds wir fair taken wi the boy an telt aw the folk whit had happened an whit the Angel had telt *them* aboot the birth. Everywan wis dumfoonert at the story, but Mary kep it tae hersel an wunnered whit it aw meant.

Then the shepherds went back tae their fields, praisin God for the visit o the angels, an because they'd seen the wean … jist as the Angel had telt them.

THE WISE MEN FAE THE EAST

JESUS wis born in the toon o Bethlehem durin the time o King Herod. Soon efter, some astrologers came fae the east, askin, 'Whaur's the new-born bairn that they're cryin the King o the Jews? We saw his star an we're here noo tae worship him.'

King Herod wis gey rummled when he heard this, an aw Jerusalem alang wi him. He cawd a meetin o the Jewish high heid yins an pit the question tae them: 'Whaur is it that this *Christ* is tae be born?'

They answered, 'In the toon o Bethlehem in Judea. Years ago it wis prophesied: *An you, Bethlehem, are no the least amang the rulers o Judah; for oot o you will come a leader tae rule ower my people o Israel.'*

Herod then took the astrologers aside an asked aboot the date they first saw the star. He sent them aff tae Bethlehem, sayin, 'Try an find the bairn. When ye find him, tell me – I masel will go an worship him.'

Efter the meetin the astrologers sterted

oot again. An, right enough, the star wis
staunin there, shinin bright ower the toon
o Bethlehem. Man! they wir fair burstin
wi joy! They went inty the hoose, saw
the wean an his mither Mary, an kneeled
doon in homage. Then they opened their
bags an gied presents: gold, frankincense
an myrrh. The wise men, warned by God
no tae go back tae Herod, then went hame
by anither road.

Efter they went aff, an Angel o the
Lord came tae Joseph in a dream, sayin,
'Take yer son an his mither, an escape tae
Egypt. Stey there till I tell ye, for Herod
is seekin oot the wean tae destroy him.'

An so Joseph set oot, takin the wee
bairn an his mither aff tae Egypt. When
Herod saw that he had been jouked by
the astrologers, he wis gey mad an gied
orders tae kill aw the wee boy bairns o
two year auld an under, in Bethlehem an
aw the places roon aboot.

But it happened that Herod died, an
soon efter an Angel appeared in a dream
tae Joseph in Egypt, sayin, 'Ye can go
back noo tae Israel; those that wir seekin
tae kill the wean are dead.' So Joseph went
back right away, wi the boy Jesus an his
mither.

JOHN THE BAPTIST

WHEN they wir livin in Nazareth, John
the Baptist appeared, preachin oot in the
desert o Judea.

'See here!' John wis cryin tae the folk,

'God's Kingdom is oan its wey. Check that ye're aw ready. Pit yer lives right wi God.'

The prophet Isaiah, by the wey, had telt aboot John's comin: *'Prepare the wey o the Lord. Straighten oot the road.'*

John wore a rough jaiket, tied aroon his waist wi a leather belt, an he lived oan locusts an wild honey. When he preached, he cried oot, 'Ah baptise ye wi watter for repentance, but the wan comin efter me is far stronger. Ah'm no even fit tae tie *his* shoe laces. See this man? He'll baptise ye wi the fire o the Holy Spirit!'

FISHERS O MEN

WHEN Jesus heard that John had been pit in the jile, he went aff tae Galilee. From then oan he sterted his preachin, sayin, 'Turn fae yer sins an turn tae God.'

Noo wan day, as Jesus wis takin a wee bit dauner alang the beach, he saw two brithers, Simon Peter an Andy, castin their net inty the watter. 'C'mon wi me,' Jesus said tae them, 'an ah'll teach ye – no tae catch fish, but tae catch men.' Right there an then, they left the fishin an went wi Jesus.

A wee bit further alang the beach, Jesus saw two mair brithers, Jimmy an John, mendin their nets wi their faither (he that wis kent as Zebedee). Jesus cawd tae the brithers, an at wance they left their faither an went alang wi Jesus.

At this time he went tae a place cawd Capernaum an sterted teachin oan the

Sabbath Day. The folk wir bamboozled at the patter o the man, cos he spoke like wan that really kent the truth. He wisny jist repeatin the religious spiel o the day.

Noo there wis a man in the synagogue under the influence o some evil spirit. He sterted up his rantin an screamin at the tap o his voice, 'Ye lee us alane! Whit've ye got tae dae wi uz, ya Nazarene! – hiv ye come tae kill uz? – Oh, wait noo, ah ken who ye are. Ye're God's Holy Wan!'

'Haud yer wheesht!' Jesus ordered the spirit. 'Come oot o the man an gie him peace.' An the evil spirit threw the man tae the grun an went away fae his body withoot daein ony mair herm.

Weel, the folk wir aw dumfoonert, as ye can imagine, an sterted askin, 'Whit kinna man is this? He jist gies orders tae the evil spirits an oot they come!' From then oan, Jesus wis the talk o the steamie, so he wis.

When Jesus came inty Peter's hoose, he saw Peter's mither-in-law lyin in bed wi a fever. Jesus stood ower the bed, checked the fever, an at wance – guess whit? – the auld wumman stood up aw fit an weel again. She even stertit makin the tea for them aw!

An so, when the sun went doon that night, the people aw brought their sick freens tae Jesus, an wi wan touch o his hauns – they wir healed!

THE
TWELVE APOSTLES

THE time had come noo for Jesus tae stert tae preach in earnest. He kent that he wid need folk tae help him, so he picked a dozen men tae tell oot the guid news o God's Kingdom.

These are the names o the Twelve:

Simon (usually cawd Peter);
Andy (Peter's brither);
Jimmy (Zebedee's son);
John (Jimmy's brither);
Philip;
Bartholomew;
Tammas;
Matthew (him that wis the tax-man);
James (the son o Alphaeus);
Thaddaeus;
Simon (the freedom-fechter);
an Judas Iscariot
(the wan that wis tae turn traitor).

THE
GUID SAMARITAN

WAN day an expert lawyer tried tae trick Jesus. He said tae him, 'Maister, ah'm keen tae hiv this everlastin life that God has promised. How dae ah get it?'

Jesus said, 'Ye hiv the answer right there in yer law-book, ma freen – whit does *it* say?'

An the lawyer replied, 'Ye've got tae love the Lord God wi yer hale hert, soul, mind an strength; an ye've got tae love yer neebour as weel as ye love yersel.'

'No bad,' said Jesus. 'Jist dae that an ye'll please God.'

But the lawyer wisny contented wi that an asked again, 'Aye – but jist exactly *who* is my neebour?'

Jesus decided tae illustrate his meanin wi a wee story:

'Wan day,' he said, 'a man wis travellin alang the dangerous road fae Jerusalem tae Jericho. Suddenly some rough yins laid inty him, whipped aw his gear an claes, an left the puir sowl hauf deid.

'Noo a Jewish priest happened tae be gaun doon that same road. He sees the man lyin there, turns his heid, an gies him a nifty body-swerve.

'In the same wey, a Levite comes oan the scene, offers nae help, an jist leaves the puir auld punter lyin there.

'Finally, a Samaritan comes alang the road. He sees the man an is touched wi pity. He goes ower tae him, kneels doon, an cleans his wounds. Then he pits him oan his ain donkey an fixes him up at the nearest inn. He looks efter him durin the night, an in the mornin squares up wi the innkeeper, promisin tae look in oan his wey back.'

Jesus then turned tae the lawyer, 'Noo then, which wan o thae three wis a neebour tae the wounded traveller?'

'Ach, dead easy,' said the lawyer, 'the man that wis kind tae him.'

Jesus answered, 'Right then, Jimmy, jist you dae the same!'

THE PARABLE
O THE SOWER

OAN wan occasion, Jesus wis preachin at the side o Galilee watters an a big crowd appeared, aw pushin an breengin roon aboot him. So he decided tae clamber inty a boat for a wee seat, so that the hale crowd staunin oan the land wis facin the watter.

Noo wan o Jesus' best stories wis aboot a fermer sowin seed an so he telt it tae them.

'Listen tae me,' Jesus cawd oot ower the still loch. 'There wis this fermer. Wan day he wis sowin his grain. As he scattered it, some fell oan a path, an the burds picked it aff the grun an ate it up.

'An some fell oan rocky grun whaur there wisny much dirt an, when the sun came oot, the wee plants which hudny firm roots jist withered aw away.

'An some grain fell amang thistles an the life wis fair choked oot o the plants.

'However, some o the fermer's grain landed oan fertile soil, an when it grew, weel it gied oot a right rich harvest.'

Jesus feenished his story, sayin, 'If ye hiv ears oan yer heid – then use them tae listen.'

The disciples scratched their heids: 'Maister, we're no jist quite sure aboot the meanin o yer story.'

Jesus telt them: 'The fermer sowin his grain, he stauns for folk that spread God's guid news.

'Noo the grain that falls oan the hard

grun, weel it's like the folk who hear the guid news, but soon efter the Devil comes alang an takes it away fae them.

'In the same wey the grains oan the rocky grun staun for the folk who hear the message wi joy, but as it disny strike a right deep root in them, they gie up when the times are hard.

'An some folk, weel they get the guid news comin tae them amang the thistles. They hear the message right enough, but the lust for money an the fast-livin is their first wish. God's message is blotted oot o their herts an nae crop comes fae them.

'But some ither folk are like the grain sown in the guid soil. They welcome God's word inty their herts an stert tae produce a rich harvest for the Lord.'

JESUS FEEDS THE FIVE THOOSAN

WAN day the wee band o helpers that Jesus had picked oot wis reportin back tae him aboot aw their preachin ploys.

'Right then,' said Jesus, 'ah kin see ye're tired. So we'll stert oot in the boat an get away fae the crowd for a wee bit. We cud aw dae wi a rest.'

An so they set aff across the loch. But, guess whit, oan landin they fund the hale shoreline mobbed wi folk aw desperate tae hear mair sermons. Jesus wis hert sorry for them an sterted wance again wi his teachin.

As the day wears oan, Jesus' disciples

say tae him, 'It's gettin oan, boss. Ye'd better send them aff tae the nearest toon – they'll aw be gettin famished.'

'Not at aw,' says Jesus. '*You* gie them somethin tae eat.'

'Ach, away wi ye, Maister!' the disciples gawped. 'Wi aw that lot oot there it wid cost us a sma fortune.'

But Andy speaks up, 'Listen, dinny laugh will ye, but there's a wee boy here who's willin tae part wi his piece. It's no a lot, mind – five rolls an a couple o fish … '

Jesus telt them aw tae sit doon oan the grass. He took the rolls an the fish an, raisin his heid tae the heavens, he said the blessin.

Naebody cud ever quite understaun jist exactly whit happened next, but the hale crowd wir gien food enough tae eat till they wir aw fu. The rolls an fish wir broken an everywan o them got their fair share. Mair than that – efterwards they gethered up near *twelve baskets* o the left-overs.

Wid ye credit this? There wis ower five thoosan men, weemen an weans takin part in this huge meal. Fair astonishin, so it wis!

ZACCHAEUS

WHEN Jesus went oan inty Jericho, there wis this man cawd Zacchaeus. He wis the heid tax man for the district an so wis quite rich – in fact he wis really loaded! But though he had plenty o money, he wisny whit ye might caw happy, an he wis dead keen tae meet this Jesus he'd heard aw aboot.

Zacchaeus, bein a wee man, canny get near oan accoont o the great crowd o folk roon aboot Jesus. So he decides tae sclim up a sycamore tree beside the road tae watch.

When Jesus eventually comes alang, he spies Zacchaeus. Lookin up, he shouts, 'Hi there, wee man – come doon will ye! Ah've decided tae invite masel tae yer hoose for a meal this efternin.'

Tae say that wee Zacchaeus wis fair chuffed is pittin it mildly!

But the rest o the folk, by the wey, wir no very pleased that Jesus wis gauny eat wi a bloke they cawd a crook.

But already Zacchaeus is a chinged man! He says tae Jesus, 'Lord, see me? Ah'm gauny gie hauf o ma money tae the puir. An ah'll promise tae look efter aw the folk that ah've cheated, so ah will.'

Jesus turned roon tae the dumfoonert crowd an telt them tae haud their wheesht: 'This man wis a sinner,' he said. 'He's fund peace at last.'

THE
PRODIGAL SON

JESUS told a story aboot a man who had two sons.

The younger wan said tae his faither, 'Hey faither, kin ah ask ye a favour? Why no gie me ma share o the faimily gear right noo, tae save me waitin till yer deid?'

The faither wis hurt, but agreed, an

split his property between the two sons.
A wee while efter, the younger son picked
up aw his gear an left hame for the bright
lights an the big city.

It wisny lang afore he wasted his hale
fortune oan the bevvy, an the parties, an
livin it up. Jist when he wis hittin rock
bottom, a terrible famine swept ower the
country. He needed work right bad, but
aw he cud get wis a job wi a fermer,
feedin the pigs. He wis so famished that
he cud've fair eaten the beans the pigs
were scoffin. Naebody took pity oan him.

Finally he gets wise an says tae himsel,
'Ach, ah'm aff ma heid, so I am – at hame
even ma faither's servants are weel looked
efter, an here's me stervin. Ah'll jist need
tae bottle ma pride an go hame. Ah'll
confess tae ma faither that ah've done
wrang an ask him tae sign me up alang
wi the servants.'

So he gets up an sterts oot for hame.
He's still a lang wey fae his hoose when
his faither catches sight o him an runs oot
tae meet him. He throws his airms aroon
his son an kisses him.

The boy wis greetin, 'Ah'm sorry
faither – honest! Ah'm jist a loser an no
fit tae be cawd yer son.'

But his faither shouted tae the servants,
'Fetch oot some nice clean claes for ma
boy, an a ring for his finger – aye, an ah
want ye tae *kill* the prize calf. Wir gauny
hiv oorsels a real celebration this night!'

Noo the big brither wis comin in fae
the fields. When he came near the hoose,
he heard the music an jiggin. He cawd tae
wan o the servants an asked whit wis up.

'Yer wee brither's come back hame, sir,' he wis telt. 'Aye, an we're celebratin like. Yer faither has even killt the prize coo for the feast.'

The big brither wis beelin – an widny go inty the hoose. So the faither comes oot tae reason wi him.

He answers his faither, 'Noo, haud oan an listen tae me. Ah've slaved for ye aw thae years an ye didny even wance gie a party for me. An noo that wee nyaff comes back! Been oan the randan, so he has! Spent aw yer money oan booze an hooers! An ye kill yer best coo for *him?!*'

The faither wis hurt at aw this. 'Ma son,' he says tae him, 'Ye've aye been here wi me. Ye must ken that aw that's mine is yours. But ye see, it wis right tae celebrate. Ah thought ma son wis deid – an he's come back tae life. He wis lost – an noo he's come hame.'

JESUS IN THE TEMPLE

WHEN Jesus arrived in Jerusalem, the hale place wis in an uproar. Some folk didny ken aboot Jesus an asked who he wis. The crowd said, 'This is the great prophet – Jesus. He comes fae Nazareth in Galilee, so he does.'

When Jesus went inty the Temple, he wis furious at whit he saw gaun oan. Barras everywhaur – buyin an sellin – wheelin an dealin! At wance he heaved ower the tables o the money-chingers, an upset the stools o the pigeon-dealers, cryin oot: 'God said this Temple is for prayer an worship. You lot hiv turned it inty a den o cheats!'

Efter the rammy died doon, some blind an crippled folk came up tae Jesus in the Temple an he wis gled tae cure them aw. But when the heid priests an the doctors o the law saw the miracles Jesus wis daein, an even heard the wee weans in the Temple cryin oot, 'Praise be tae the Son o David', they wirny best pleased.

So Jesus jist left them tae get oan wi it, an went oot o the city tae his ludgins in Bethany.

THE PLOT AGAINST JESUS

EFTER they saw Jesus workin his miracles, lots o the Jews pit their faith in him. But there wir ithers who didny want tae believe his message an reported aw his activities tae his enemies.

The heid priests an pharisees moaned, 'Whit are we gauny dae wi this heid-banger? If we lee him alane, the hale country'll believe whit he says. There'll be a right stushie an the Romans'll pit the hems oan us aw!'

Then Caiaphas, the Chief Priest for that year, spoke up, sayin, 'You're aw right fools! Ye know nuthin! There's nae need for the hale country tae perish. D'ye no see? It'll suit us better if jist wan man dies for the sake o the people.'

In fact, Caiaphas didny work oot this plan by himsel. He didny realise that he wis fufillin a prophecy that Jesus wis tae die so that aw the children o God wid be brought thegither right aroon the warld.

Fae that time oan, the Jewish leaders sterted plannin tae kill Jesus.

Aboot this time, Jesus stopped his preachin in public. He went aff tae the toon o Ephraim an steyed there wi his disciples.

The Jewish Passower wis gettin near, an many folk had arrived in Jerusalem before the feastin sterted. They wir busy lookin for Jesus in the Temple, wunnerin, 'Whit dae ye think? Will he turn up for the feast? It's no likely!' For the heid priests an pharisees had gien oot orders tae pit Jesus in chains, sayin, 'If ony person sees Jesus, it must be reported at wance!'

THE PLOT
TAE ARREST JESUS

WHEN Jesus had feenished aw his teachin, he telt his disciples, 'See the Passower Feast? It's gauny stert in two day's time. An ah must tell ye somethin – a traitor will turn oan me, an ah'll be crucified.'

The disciples stared at each ither, flabbergasted at whit he said. They whispered amang theirsels, 'Whit's the story? Who wid betray the Maister, d'ye think?'

Meanwhile aw the heid priests an elders o the people gaithered thegither in the coort o Caiaphas, the Chief Priest. They laid plans aboot how they wir gaun tae get a haud o Jesus quietly, an then kill him.

'But it canny be done durin the Feast,' they aw agreed. 'There wid be a right stramash!'

JUDAS' BETRAYAL

THEN wan o the twelve disciples – the wan cawd Judas Iscariot – went tae the Chief Priest Caiaphas an said, 'Whit will ye gie me if ah lead ye tae Jesus?'

They coonted oot thirty coins, an gied them tae Judas.

Fae that time oan, he watched oot for the best wey tae betray Jesus.

THE LORD'S SUPPER

LATE that night, Jesus sat doon tae eat wi the twelve apostles. Jesus took the breid an said a prayer o thanks.

He broke the loaf an shared it roon the disciples, sayin, 'This is ma body that will be gien up for ye aw.'

Then he took a cup o wine an haunded it roon, sayin, 'An this is ma life-bluid, that will be shed by me tae forgie yer sins. But, mark this – ah'll drink nae mair wine until ah drink it fresh in the Kingdom o God.'

THE NEW COMMANDMENT

JESUS then took his disciples tae wan side an telt them, 'Ah'll soon hiv tae leave ye aw – an though ye search for me, ye canny follow efter. So listen, here's ma new command for ye: Ah want ye tae love wan anither, jist the wey I loved ye aw. That's the only wey that ye can prove tae folk that you are ma followers. There's nae greater love in aw the warld than this, that a man should lay doon his life for his freens. Don't let yer hert get heavy. Trust oan God – *trust oan me*. An mind, there are plenty rooms in ma faither's hoose. Ah'm gaun there tae prepare a place for every wan o ye. When things are ready, ah'll come back for ye an we'll aw be thegither wance mair .... '

THE ARREST O JESUS

JESUS then led his freens tae a quiet garden they cawd Gethsemane, near the Mount o Olives.

While he wis speakin tae them, Judas Iscariot arrived, alang wi a mob kitted up wi swords an clubs. They'd been sent by the elders an the heid priests.

Judas had gien them a signal tae watch oot for, sayin, 'Keep yer eyes oan me – ah'll gie a kiss tae the man that ye're efter.'

The traitor made straight for Jesus an embraced him, sayin, 'Hullo, Maister.'

Jesus answered him, 'Judas, ma freen, jist dae yer deed – but dae it quickly!'

The mob grabbed Jesus an pit him under arrest.

Simon Peter wis mad at them. He drew oot his sword, an carved aff the lug o the Heid Priest's servant.

But Jesus widny hiv that an warned him, 'Peter, Peter, ma son, pit by yer sword. Ah'll tell ye, everywan that lives by the sword, dies by it!' Then Jesus pit his haun tae the man's lug an healed him.

Jesus turned tae the mob, sayin, 'Did ye really need tae come oot for me wi yer swords an clubs? Ye ken I sat doon every day wi ye, teachin in the Temple, an ye never pit a finger oan me!'

The disciples by noo wir shattered. Wan an aw, they took tae their heels – an deserted their Maister.

JESUS AFORE THE COONCIL

JESUS wis then huckled aff tae whaur the elders an scribes wir gaithered an wis stood in front o Caiaphas the Chief Priest. Big Peter followed ahint an sat doon alang wi the servants, wunnerin whit wid happen next.

The Cooncil wir determined tae hing Jesus, but they kent fine that they hudny ony real evidence against him. Then a couple o stool-pigeons came up an said, 'See this fly-man? He said he cud smash up the Temple o God an fix it up again in jist *three* days!'

The Chief Priest rose up tae his full height. 'Will ye answer me?' he says, 'Whit is it that aw the folk are sayin aboot ye?'

Jesus didny say wan word.

Then Caiaphas began tae lose the rag an yelled at him, 'I charge ye, by the livin God, are you the Christ – the Son o God?'

Jesus answered, 'It's you that's sayin it! I'll tell ye this – in the future ye will aw see the Son o Man sittin at God's right haun an returnin oan the clouds o Heaven.'

Weel Caiaphas near went aff his heid at that an sterted tae rip at his ain claes, screamin oot, 'Blasphemer! We've nae need for mair witnesses. Ye've aw heard him – whit's yer verdict?'

They aw cried oot, 'Guilty! He deserves tae die!'

An they began tae strike at Jesus an spit oan his face an taunt him. 'Aye then, Messiah – gauny prophesy noo for us – who hit ye?'

PETER
DENIES JESUS

MEANTIME Peter wis sittin oot in the coortyard. This burd comes up tae him an says, 'Wir you no a pal o thon Jesus, the man fae Galilee?'

'Ah don't know whit ye're bletherin aboot,' said Peter.

Then he went oot inty the porch an anither lassie spots him. She cries tae the folk staunin aroon, 'See this yin here? He wis alang wi that Nazarene!'

Wance mair Peter denies it, sweirin at them, 'Ah've telt ye – ah *dinny* ken the man!'

But mair o the folk thought for a bit an said tae Peter, 'Jist haud oan a minute, by the wey. *Ye are so* wan o them wi that Jesus – for the wey ye speak gies ye away!'

Peter sterts tae curse at them, 'Ah'm tellin ye the truth – *ah dinny ken that man!'*

Jist then a cock began tae craw an Peter wis minded whit Jesus had telt him, 'Afore the cock craws ye'll deny me three times.'

Big an aw as he wis – Peter crept ootside – an began tae greet.

JUDAS
HINGS HIMSEL

WHEN Judas – the traitor – saw Jesus condemned, he wis a gey sorry man. So he went back tae the Jewish heid-men wi the money.

'Ah wis wrang, so ah wis. Ah've pit an innocent man tae his death.'

'That's yer ain problem, Judas,' they telt him. 'It's nae concern tae us.'

So Judas threw the coins ower the flair o the Temple.

Then he walked tae the ootskirts o the city – an whit did he dae?

He hung himsel!

JESUS
AFORE PILATE

IN the mornin, aw the elders an the heavy mob gaithered roon Jesus, ready tae pit the final clamp oan him.

They yanked him afore the Governor – Pilate wis his name.

'Right then, man – tell us, are you the King o the Jews?' Pilate asked, nae messin aroon.

Jesus answered, 'Ma Kingdom disny belang tae this warld. Na, it disny belang here.'

Pilate came back at him, 'But ye are a king then, so ye say?'

'*You* say that!' Jesus replied. 'For that purpose I wis born. I've come tae bring truth tae the hale warld. People seekin this truth will hear my voice.'

Pilate, tryin tae be clever, said, 'So! – whit is truth?!'

JESUS
HAUNDED OWER

DURIN aw this time the mob oan the street wir screechin oot, 'Crucify the Nazarene! Crucify! Crucify him!'

Pilate came oot tae shush them up an try tae reason wi them.

'This man Jesus,' he says tae them, 'he's innocent. He disny deserve tae die. Spare him. Listen. It's yer Passover time an for that I'll set jist wan prisoner free. I'll free Jesus, what d'ye think?'

The punters bawled oot their bile, 'Naw! naw! no him! Gie us Barabbas! We want Barabbas!'

This Barabbas wis a real hard nut – a terrorist in fact – an he wis inside oan a murder rap.

Pilate wis gettin fair demented by this time. He wis wary o a rammy brekin oot. He kent fine that Jesus wisny guilty o ony crime, but, still an aw, he wis thinkin tae himsel, 'Release Jesus wi this mob hingin aroon? Nae chance!' So he let Barabbas aff the hook.

Mind you, he wanted tae show that he wis washin his hauns o the hale business, so he sent for a basin o watter an scrubbed his hauns in front o the mob. Then he sent Jesus aff wi the sodgers – tae be crucified.

JESUS NAILED TAE THE CROSS

THE sodgers forced Jesus tae cairry his ain cross tae the place o execution, Golgotha, oan the ootskirts o the city. But oan the wey, Jesus wis staggerin under the great weight o it an a man in the crowd, Simon fae Cyrene, wis made tae cairry the cross instead.

At Golgotha, the sodgers nailed Jesus tae the cross, hoistin him up alang wi two robbers, wan oan either side.

Some o the folk passin by wir yellin up at him, 'Hey you! – aye! – if ye're the Son o God, come doon fae that cross.'

An others sterted tae mock as weel, 'He saves ithers – but he canny save himsel. If he comes doon aff there, we'll believe him – even noo! He trusted oan God an said he wis his Son. Weel then – let the Faither save the Son!'

JESUS CRUCIFIED

WHEN it came tae the middle o the day, the hale country wis plunged inty a spooky darkness.

At three in the efternin Jesus cried oot fae the cross, 'My God, my God, why hiv ye left me?!'

Then wan o the criminals oan the next cross said tae him, 'Hey freen, are ye no *the Christ?* Gauny prove it then an save yersel – aye, an us tae while ye're aboot it.'

But the other criminal shouted ower, 'Belt up you! We deserve tae die, but this man didny dae ony wrang.'

Then he whispered ower tae Jesus, 'Will ye keep mind o me?'

An Jesus said, 'Today ye'll be wi me in Paradise – I promise ….'

Then Jesus cried oot in his agony, 'Faither, inty yer hauns I gie my spirit.' An wi these words, Jesus breathed his last.

Then the veil o the Temple wis ripped fae tap tae bottom; the grun shook, rocks split, an graves burst open.

When the sodgers saw the earthquake, they wir gey feart. Wan o them whispered, 'Aye – for sure – there can be nae doot. This man … wis God's son.'

JOSEPH'S TOMB

OAN that same night, wan o Jesus' supporters, a well-heeled man fae Arimathea cawd Joseph, went tae Pilate an asked for the body o Jesus.

Pilate ordered the body tae be gien ower, an Joseph wrapped it up in a clean linen cloth an pit it in his ain new tomb.

Then a huge stane wis rolled ower tae stop up the door o the tomb.

THE RESURRECTION

EARLY oan the Sunday mornin, Mary Magdalene an Mary the mither o James, went tae the grave takin sweet smellin ointments tae pit oan the body.

But when they got close up tae the tomb, the first thing they saw wis that the huge stane had been moved oot the wey. They went in, kinna feart-like.

All o a sudden two men wir staunin in front o them. The weemen wir terrified an cudny even look up.

The men said, 'Tell us, why are ye searchin amang the graves for someone who's alive? He's no here! He's come back tae life again! D'ye no even remember whit he himsel telt ye when he wis wi ye in Galilee – that the Christ must be haunded ower tae evil men, nailed tae the cross, an be raised tae life again oan the third day?'

Then, sure, they remembered whit

Jesus had telt them. So they raced back in joy tae Jerusalem an telt the eleven disciples an aw the ithers, *'He's alive! Jesus is alive!'*

THE EMMAUS ROAD

OAN that very same day, two freens o Jesus wir oan their wey tae a village cawd Emmaus. While they wir talkin aboot whit had happened, Jesus himsel caught them up an began tae walk alang the road wi them.

They *saw* him awright, but they didny recognise that it wis Jesus.

'D'ye mind tellin me whit the two o ye are gaun oan aboot?' Jesus asked them.

Wan o them, Cleopas, replied, 'Jings, pal. Are ye the only wan in the hale o Jerusalem that huzny heard o the terrible things that've been happenin?'

'Like, whit things?' said Jesus.

'Aboot that Jesus fae Nazareth,' Cleopas answered. 'He wis fund guilty by oor ain heid priests an pit tae death by them Romans. Aye – nailed him oan a cross, so they did. Man, he wis a great prophet, God kens that. We wir hopin he wid be the kin o leader that wid set us free fae thae Romans, but it jist didny work oot that wey.'

Then Jesus spoke tae them. 'D'ye no understaun whit the prophets hiv said? That Christ wis supposed tae suffer first before he reached his glory?'

As they wir comin near the village,

Jesus wis for pressin oan, but they said tae him, 'Haud oan wi us pal, it's gettin dark.'

So Jesus went hame wi the two disciples an they sat doon tae eat. Jesus said the blessin an took up the breid an shared it oot. Right there an then, they *saw* it for themsels. They minded this wis aye whit Jesus did. This wis Jesus right enough – an he wis alive!

All o a sudden he vanished oot o their sight.

They turned tae wan anither in astonishment. 'Ah tell ye, freen,' wan said. 'Nae wunner oor herts felt oan fire when he wis talkin tae us oan the road.'

They set aff right away for Jerusalem an met the ither disciples.

They cried oot, 'Hiv we got news for ye! Listen! Ye'll no can credit it. But it's true! Jesus – the Maister – has risen fae the grave, so he has! We've seen him! Its true. Honest! God be praised! Oor Jesus is alive!'

AT THE
LOCH O TIBERIAS

EFTER this, Jesus showed himsel wance mair, at the Sea o Tiberias, when Simon Peter, Tammas, Nathanael an anither couple o his disciples wir awthegither.

Simon Peter said he wis aff tae fish, an the others said they might as weel go alang wi him.

They got inty the boat, but caught nuthin aw night.

As the dawn wis aboot brekin, Jesus

wis staunin oan the beach ahead o them, but the disciples hudny a clue who it wis.

He shouts oot tae them, 'Hey there! Hiv ye got a catch?'

An they shout back, 'Naw, nae luck freen.'

'Weel, ah tell ye, cast yer net tae the starboard an see whit happens!'

Wi nuthin tae lose they cast the net, an here, guess whit, they hudny a hope o pullin it back in for aw the weight o the fish in it.

Then wan o the disciples gets the message in a flash. 'Weel, wid ye believe it?' he began tae yell. 'It's Jesus himsel!'

When he heard this, Peter pit oan his shirt – cos he wis stripped tae the waist – dived inty the sea, an swam tae the shore.

The rest had tae stey in the boat tae haul the *hale* net o fish tae the beach. But when they landed they saw a fire wi fish oan it, an some breid.

'We'll hiv some breakfast,' Jesus said. 'Bring me some o the fish fae yer haul.'

Then Peter – his big hert near burstin wi happiness – jumped inty the boat an hauled the bulgin net ashore.

Jesus then took the breid an gied it tae them, an the same wi the fish. They wir awthegither – again.

GLOSSARY

aboot = about

accoont = to account

ach = an expression of impatience

aet = to eat

aff = off

afore = before

agrun = aground

ah; ah'd; ah'll; ah'm; ah've = I; I'd; I'll; I'm; I've

ahint = behind

ain = own

airm = an arm

airts = directions

alane = alone

alang = along

amang = among

an = and

anither = another

areny = are not

argie-bargie = to argue; an argument

aroon = around

arras = arrows

auld = old

aw; awright = all; alright

awa = away

awfy = awful; very

aye = yes; always

bairn = child

baith = both

beelin = very angry

belang = to belong

bevvy; bevvied = drink; drunk

bide = to stay, live

bile = a boil; spleen

blaw = to blow; a blow

blether = to talk nonsense; a person who talks too much

bluid = blood

bonnie = pretty

booze = drink

boss it = to lord it

braw = handsome

breenge = to move forward recklessly

breid = bread

brek = to break; a break

brither = brother

bung-fu = completely full

burd = a bird

cairry = to carry

canny = can't; clever, astute

cauld = cold

caunle; caunlestick = a candle; a candlestick

caw; cawd = to call; called

champin at the bit = eager to go

chancer = an opportunist

chinge = to change

chock-fu = very full

chuckies = small pebbles

chuffed = pleased

claes = clothes

clarty = dirty

clype = to gossip; a telltale

cooncil = council

coonsellor = a councillor

coont = to count

coorse = coarse; to course

coort; coortyard =
court; courtyard
corbie = a crow
coup = to overturn
couthie = pleasant
cratur = a creature
cry = to call, name
cud; cudny; cud've =
could; couldn't; could
have

dae; daein; = to do;
doing
daith = death
dauner = to saunter
deen = done
deid = dead
didny = didn't
ding = to smash
dinny = don't
disna; disny = doesn't
div = do
dod = a large piece
doddery = unsteady with
age
doo = a dove
dook = to bathe
doon = down
doot = to doubt
dosh = money
douce = gentle
dover = to doze
drap = to drop
dreep = to drip; drop
slowly
droon = to drown
dug = a dog
dumfoonert = amazed
dunny = the bottom of; a
cellar
dunt = a knock
dwam = a swoon
d'ye = do you

een = eyes
efter; efternin = after;
afternoon
evermair = evermore
everywan; everywhaur
= everyone; everywhere
exchinge = to exchange

fae = from
faimily = family
faither = father
faut = fault
faw = to fall
feart = afraid
fecht; fechter = to fight,
a fight; a fighter
fee'd-man =
an employee
feenish = to finish
fell = much, greatly
fermer = a farmer
fettle = condition, vigour
fit = what
flee = to fly
flooer = a flower
foreheid = forehead
foretelt = foretold
forgie = to forgive
fower = four
freen; freendly = friend;
friendly
fu = full; drunk
fund = found
furthermair = further-
more

gaither = to gather
gallus = cocky
gang = to go
gars = makes
gaun; gauny = going,
gone; going to
gawp = to gape
gear = possessions
gether; getherin = to
gather; a gathering
gey = rather, very
gie; gied; gien; giein =
give; gave; given; giving
girn = to grumble, com-
plain peevishly
gled = glad
gob = mouth
gobsmacked =
astounded
greet; grat = to weep;
wept, cried
grun = ground
guid = good
guid lick = great speed

gumption = common sense
gyte = mad

hadny = had not
hae = to have
hailstanes = hailstones
hairst = a harvest
hale = whole
hame = home
hankerin = a craving
haud = to hold
hauf = half
haun = hand
heid = head
heid-banger = a crazy person
heid yin = a person of importance
herm = to harm
hersel = herself
hert = heart
himsel = himself
hing = to hang
hiv; hivny = to have; haven't
hochmagandy = fornication
hooer = a prostitute
hoose = a house
huckle = to manhandle roughly
hudny; huvny = hadn't; haven't
hunner = a hundred
hussy = a woman of bad character
huzny = hasn't

intit no = isn't it?
inty = into
isny = isn't
ither = other

jaiket = jacket
jalouse = to guess
jile = jail
jine = to join
jing-bang = a considerable number
jings = an expression of surprise

jist = just
jouk = to trick

ken = to know
kep = kept
kin = can
kinna = kind of
kinsfolk = relatives

laddie = a youth
laldy = a thrashing
lassie = a girl, young woman
lauch = to laugh
licht = light
loun = a young lad
ludgins = lodgings

ma; masel = my; myself
maet = meat
mair; maist = more; most
mairry; mairriage = to marry; marriage
maister = master
maitter = matter
mak = to make
mebbe = maybe
meenister = a minister
meenit = a minute
mind = to remember
miraculous = very drunk
missus = wife
mither = mother
mony = many
mooth; moothfu = mouth; mouthful
muckle = great, large

na, naw, no = no
naebody = nobody
nane = none
narked = to be annoyed
narra = narrow
neebour = neighbour
needny = need not
no = not
noo = now
nuthin; naething = nothing
nyaff = a small good-for-nothing person

o = of
oan = on
och = an expression of pain or regret
onty = onto
ony; onythin; onywan; onywey = any; anything; anyone; anyway
oor; oorsels = our; ourselves
oot; ootcome; ootside; ootskirt = out; outcome; outside; outskirt
opeenion = opinion
ower = over
ower his wilkies = tumble head over heels

paiks = punishment
pairt = part
pech = puff
pey; pey-poke = to pay; wages envelope
pit = put
pit the hems oan = to restrain
plook = pimple
plunk = to plonk
puir = poor

raither = rather
rammy = an upset
ranter = a foolish talker
reive; reiver = to rob, plunder; a theif, robber
rid = red
rin = to run
roon = round
roup = an auction
rummled = very worried

saft = soft
sair = sore
sang = a song
saut = salt
sclim = to climb
seeven; seeventy = seven; seventy
shilpit = sickly, shrunken
shindig = a rowdy gathering
shouder = shoulder

slog = to work hard
sleekit = deceitful
sma = small
sodger = a soldier
sonsy = hearty, thriving
sook = to lap, suck
soun = sound
sowl = soul
sparra = a sparrow
speir = to ask, enquire
spile = to spoil
stane = a stone
staun; staunby = to stand; standby
steamie = a wash-house
steek = to close
stert = start
sterve = to starve
stey = to stay
stoater = very attractive
stook = a bundle of cut sheaves
stookie = a plaster cast
stramash = an uproar
strang = strong
stravaig = to wander, roam about
stushie = a fight
sweir = to swear

tae = to
tate = a small amount
tally-man = a debt-collector
telt = told
thae = these
thegither = together
theirsels = theirselves
thole = to bear, endure
thon = that, yon
thoosan = a thousand
thrang = a large number
tod = alone
toon = town
tummle = to tumble
twinty = twenty

unco = strange, weird
understaun = to understand

vera = very

wabbit = exhausted
wan; wance = one; once
warld = world
waster = a good-for-nothing person
watter = water
wean = baby
wee = small
weedow = widow
weel = well
wey; wye = way
wha = who
whaal = a whale
whar; whaur = where
wheech = to move fast
wheesht = quiet
whit; whitever = what; whatever
whither = whether

wi = with
wid; widny = would; wouldn't
willny = won't
windae = a window
wir; wirny = were; weren't
wis; wisny = was; wasn't
withstaun = withstand
wrang = wrong
wumman; weemen = woman; women
wunner = to wonder

ya, ye; ye'll; yer; ye're = you; you'll; your; you're
yersel = yourself
yin = one

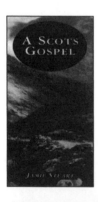